Britta Kanacher
Mut zum Ich - Von Frau zu Frau

Britta Kanacher

Mut zum Ich
Von Frau zu Frau

Text: © Copyright by Britta Kanacher

Die Autorin wurde 2014 für den Indie-Autor-Preis nominiert! Ein Preis, der die Qualität von „Individual"-Autoren (Autoren, die im Selbstverlag veröffentlichen) sichtbar machen möchte

Covergestaltung: Jacqueline Spieweg • FarbRaum4.de
Fotorechte: ©boule1301
           ©Stefan Körber

Herstellung und Verlag
BoD – Books on Demand, Norderstedt
ISBN: 9783738616293

Die wesentliche Voraussetzung für Dein Glück
ist die Bereitschaft, die zu sein, die Du bist.
(Frei nach Erasmus von Rotterdam)

Inhalt

Sich fremd werden

Ich bin ich! Heute kann ich mit ruhigem Gewissen, ja mit Stolz zu dem stehen, was und wer ich bin. Aber das war nicht immer so. Es war vielmehr ein langer und schwieriger Weg bis dahin.

Mit meinem Dasein als zweimal geschiedener und vierfacher Mutter, die gerade so über Hartz IV-Niveau lebt, verbindet sich allgemein nicht gerade Stolz. Ich lebe nicht auf der Erfolgsspur und von dem, was „man" im Leben erreichen soll, habe ich nahezu nichts vorzuweisen! Leider gibt es viele Menschen und hier vielfach Frauen, die mit einer ähnlichen Situation wie der meinen und mit ihrer daraus resultierenden Selbsteinschätzung nicht fertig werden. Andere erscheinen zwar von außen betrachtet als erfolgreich und jede denkt: „Die haben doch alles und müssen deshalb glücklich sein!"; dennoch sind sie alles andere als glücklich. Sie empfinden vielmehr – genau wie jene mit geringen finanziellen Möglichkeiten – ihr Leben als fremdbestimmt und sind deshalb oftmals unzufrieden. Sie haben sich und ihre Persönlichkeit in ihrem eigenen Leben verloren – sie sind sich selbst fremd geworden! Um diesen Frauen zu helfen, habe ich mich entschlossen, meinen Weg zurück in ein befreites Leben aufzuschreiben. Ich möchte anderen Frauen einen Weg aufzeigen, ihr eigenes Ich (wieder) zu leben.

Das Gefühl: „Ich bin mir fremd geworden!" oder „Mein Leben ist mir fremd geworden!" ist ja nicht etwas, was nur einige wenige kennen, sondern es ist Alltagsrealität vieler Frauen. Die eine spürt es früher, die andere später. Dabei spielt es gar keine Rolle, ob sich die betroffene Frau bewusst zu ihrem Lebensweg entschlossen hat, oder ob sie in ihre Lebensumstände irgendwie „rein gerutscht" ist.

Bei mir persönlich war es so, dass ich mich nach Beendigung meines Studiums das erste Mal fremd in meiner Lebenssituation fühlte. Bereits mit Mitte zwanzig hatte ich Kinder, führte einen Haushalt und fühlte mich dennoch nicht als Hausfrau. Ich habe zwei meiner Kinder während des Studiums bekommen und sah mich folglich als Studentin, nicht als Hausfrau. Diese Situation war sehr angenehm. Wann immer ich meine Lebenssituation schilderte, erntete ich Lob und Würdigung. Jede fragte: „Wie schaffst du das, Kinder und Studium?" oder sagte: „Mensch das ist aber toll!" oder ähnliches. Ich hatte Anerkennung, und das stärkte mein Selbstwertgefühl und gab mir Selbstbewusstsein. Ich gab dann zwar immer noch zur Antwort: „Wartet erst mal ab, ob ich meinen Abschluss noch mache", aber in meinem Innern war ich schon mächtig stolz auf mich!

Ich habe meinen Abschluss gemacht und mein „Leidensweg", mein „Mir-Fremd-Werden" begann. Jetzt war ich keine Studentin mehr! Meine Lebenssituation machte es unmöglich, auch erwerbstätig zu sein. Die kleinen Kinder mussten versorgt werden, einen Rechtsanspruch auf einen Hort- oder Kindergartenplatz gab es damals noch nicht, und eine Stelle war bei einem so exotischen Studienfach (ich hatte Vergleichende Religionswissenschaft studiert) sowieso nicht zu finden. Von nun an war ich … ja, was war ich eigentlich? Studentin war ich nicht mehr, einen Beruf hatte ich nicht, und meine Studienbezeichnung „Religionswissenschaftlerin" half mir auch nicht weiter. Von außen betrachtet war ich Hausfrau und Mutter. Zu meiner „Schande" musste ich mir eingestehen: Ich war nichts! Nichts außer Nur-Hausfrau (und Mutter). Auf einmal bewunderte mich niemand mehr und niemand stärkte mein Selbstvertrauen. Da stand ich nun. Die Tage vergingen, der Frust wuchs, und ich wusste nicht einmal genau, warum! Ich hatte die Kinder doch gewollt, und es war nun einmal so, dass ich sie jetzt überwiegend allein, ohne die Hilfe meines Mannes, versorgen musste. Der musste sich ja nun um sein Studium und um unseren Lebensunterhalt kümmern.

Schöne Pleite! Wofür hatte ich eigentlich studiert? Warum konnte ich nicht halbtags erwerbstätig sein, und mein Mann die andere Hälfte des Tages für sein Studium nutzen? Ach, warum war das alles nur so kompliziert? So hatte ich mir das nicht vorgestellt! Ich fand mich plötzlich in einer Lebenswelt wieder, die ich so nicht gewollt hatte. Mein eigenes Leben war mir fremd geworden. Weil ich unzufrieden damit war und nicht genau wusste, warum, wurde ich mir selbst ebenfalls fremd!

Es dauerte eine ganze Weile, bis ich aus dem ständig wachsenden Unbehagen heraus überhaupt erkennen konnte, was mein eigentliches Problem war. Irgendwann merkte ich, dass mein Selbstbewusstsein verschwand und mein Selbstwertgefühl gegen Null ging. Warum? Ich wusste es nicht...

Heute weiß ich, dass es vielen Frauen so geht. Selbst Frauen, die sich bewusst aus ihrem Beruf zurückziehen, um ihre Familie zu versorgen, kennen diese Frustphase. Monate- oder gar jahrelang geht es ihnen bei der Versorgung der Familie gut, aber irgendwann stellt sich dann doch die Unzufriedenheit ein. Meist wissen die Frauen, genau wie ich, lange gar nicht, warum sie unzufrieden sind. Sie nehmen nicht wahr, dass sie sich innerlich gegen ihre Lebenssituation auflehnen. Sie empfinden nur einen Mangel, ein trauriges Unwohlsein oder gar tiefe Depression – aber warum?

Noch verheiratet und wegen der kleinen Kinder nicht erwerbstätig, hing meine Frustration damit zusammen, dass ich mich nicht mit meinem Nur-Hausfrau-Sein identifizieren wollte und konnte. Ich war unglücklich, weil ich zum Hausfrauendasein *gezwungen* war und dabei lieber (auch) erwerbstätig gewesen wäre. Diese Krise habe ich überwunden und meine Erfahrungen unter dem damaligen Buchtitel *Ich bin Hausfrau, na und?!* veröffentlicht. Obwohl ich diese erste Krise, die erste Phase der „Mir-Fremd-Werdung", überwinden konnte, weil ich mir vieler Zusammenhänge klar wurde, rutschte ich wieder in eine solche Phase. Diese war sogar um einiges schlimmer und brachte mich mit der Diagnose „mittelschwere depressive Episode" bis in eine Klinik für Psychiatrie.

Vor dem Klinikaufenthalt, nach Scheidung und sozialem Abstieg bis in den Hartz IV-Bezug, war es nicht mehr das Nur-Hausfrau-Sein, das mich belastete, sondern mein prinzipielles Dasein mit all den Bedingungen, die ich vielfach als Benachteiligung, ja als ungerecht und unfair empfand. Meine Lebensbedingungen waren so, weil (so mein Empfinden) ich eine Frau bin. Einerseits habe ich mit meiner finanziellen Situation gehadert, andererseits mit meinem Frau-Sein. Als Frau mit Kindern war ich durch gegebene äußere Bedingungen *gezwungen,* auf eine Erwerbstätigkeit *zu* verzichten. Durch die zeitlichen Abstände der Geburten war ein Einstieg in eine Erwerbstätigkeit lange nicht möglich, und als er dann möglich gewesen wäre, wurde er mir verwehrt. Für potenzielle Arbeitgeber brachte ich bei Bewerbungen zu wenig beziehungsweise gar keine Berufserfahrung mit, oder ich wurde mit Anfang Vierzig schon als zu alt erachtet. Eine meinen Fähigkeiten und meiner Bildung angemessene Tätigkeit wurde mir nicht ermöglicht.

Meine natürliche Fähigkeit, Kinder zu gebären und meine Entscheidung, diese Fähigkeit auch zu nutzen, wurde mir in den Strukturen unserer männlich orientierten Arbeitswelt zum Verhängnis. Das hat mich doch sehr frustriert und verärgert, ja, persönlich verletzt. Diese Gefühle waren das eigentliche Problem. Ich empfand eine Minderwertigkeit meines Lebens, meiner Tätigkeit und meiner Person. Ich spürte die fehlende Achtung. Keine Geschlechtsgenossin sagte mehr: „Ist ja toll, was du da leistest!" Und was die allgemeine gesellschaftliche Einschätzung betrifft, so schien mein Status (um ihre finanzielle Existenz kämpfende Frau mit Kindern, die unter ihren Lebensbedingungen leidet) nicht zu existieren. Frauen sind doch heute starke Frauen, die mit Leichtigkeit

Kinder und Beruf unter einen Hut bringen! Die Frau von heute ist entweder kinderlos erfolgreich oder trotz Kinder! Ist sie nicht ganz so erfolgreich, dann ist sie dennoch zufrieden, denn sie hat ja ihre Kinder und verzichtet eben bereitwillig auf eine mögliche Karriere!

Mein Selbstwertgefühl orientierte sich an einer Vorstellung von einem modernen Frauenleben, der meine Lebensumstände und ich als Person so gar nicht entsprachen und trotz aller Bemühungen auch nicht entsprechen konnten. Sollte ich so sein, wie die Frauen aus der Generation meiner Mutter, und mich mit meinen Kindern zufrieden geben? (Aber diese Mütter hatten in aller Regel Männer, die sie finanziell versorgten – auch wenn diese Ehen nicht immer glücklich waren!) Wollte ich nicht viel lieber so sein wie die Karrierefrau aus dem Fernsehen? Wollte ich nicht lieber eine Haushilfe oder eine Kinderfrau anstellen, um selbst erwerbstätig sein zu können? Nein, das ging ja gar nicht! Wer sollte das bezahlen? Würde ich überhaupt mehr verdienen als eine Kinderfrau kosten würde, wenn ich überhaupt eine Stelle fände? Ich steckte in einem Zwiespalt.

Früher war eben alles ganz klar. Die Mädchen haben nichts gelernt, sind zur Frau geworden, haben Kinder bekommen und waren folglich für Mann und Kinder da. Ihre Rolle war vorbestimmt, und es wurde auch nichts anderes erwartet. Heute ist das anders. Entgegen den traditionellen Erziehungszielen zur „Weiblichkeit" und „Mütterlichkeit", besitzen Frauen ein allgemeines gesellschaftliches Recht auf Bildung. Mädchen lernen, gehen in eine Lehre oder studieren und üben Berufe aus. In diesem Zusammenhang wird all das von Frauen verlangt, was auch von Männern erwartet wird. Es wird erwartet, was wir in der Rolle als fürsorgliche Mütter verleugnen sollen. Doch nicht nur als Mütter werden Frauen mit veralteten Rollenvorstellungen konfrontiert. Allzu häufig auch als Ehefrau beziehungs-weise Partnerin. Auch wenn wohl die meisten Männer eine selbstbewusste emanzipierte Frau an ihrer Seite haben möchten, so wünschen sie sich in den eigenen vier Wänden vielfach noch immer eine mütterliche Versorgerin mit stark ausgeprägten hausfraulichen Fertigkeiten.

Dies **muss** *zu Konflikten* führen! Das traditionelle Rollenbild der Hausfrau und Mutter steht dem modernen Rollenbild der selbstständigen, selbstbewussten Frau gegenüber. Leider sind aber die „alten" Rollenvorstellungen durch die Erziehung tief und fest in Männern und Frauen verankert. Sie verdrängen oftmals schleichend und unbemerkt das später gebildete und gewollte moderne Frauenbild in unserem Bewusstsein – meist dann, wenn die Lebenssituation als Mutter und Familienfrau eintritt. Aber nicht nur Mütter haben Probleme mit dem modernen Frauenbild. Auch Karrierefrauen stoßen im Laufe ihres Lebens auf Probleme. Müssen sie doch zumeist in der männerdominierten und männlich geprägten Arbeitswelt weibliche Emotionalität nahezu gänzlich verdrängen. Irgendwann bahnt sich dann Unzufriedenheit ihren Weg ins Bewusstsein, weil ein Teilbereich des eigenen Ich nicht gelebt wird. Unsere frühe Sozialisation, die sich auf weibliche Charakterprägung konzentrierte, steht gegen unser später „erarbeitetes" Frauenbild, welches an Leistung, Erfolg und Konsum orientiert – und damit „männlich" ist. Unsere Weiblichkeit steht gegen die noch immer dominante und weiterhin geförderte Männlichkeit. Dabei potenzieren sich diese Gefühle noch zusätzlich, da frau wie man(n) auf Erfolg getrimmt wird. Wir sollen mit großem Auto, repräsentativem Haus, teuren Klamotten und kostspieligen Reisen ein erfolgreiches Leben demonstrieren – Kinder werden als Leistung nicht mehr anerkannt!

Gerade deshalb empfinden Frauen heute das Leben häufig als „Last", als „Frust"! Ich bezeichne diese Situation als das „Schicksal der Sich-Fremd-Werdung". Eine Frau, die bereits viele Jahre erfolgreich im Beruf tätig war, die auch viele Jahre schon verheiratet war, dann einen Sohn gebar, formulierte dieses Phänomen so: „Ich bin in sämtliche Löcher gefallen, die mir die Sozialisation bereitgestellt hat. Ich hätte nie geglaubt, dass mir das passieren würde." Die „Löcher der Sozialisation" sind nichts anderes, als der Rückfall in traditionelle Rollenbilder. Die „alten" Vorstellungen führen selbst bei den Frauen zu Konflikten, die glauben, von diesen alten Rollenbildern „befreit" zu sein. Als Mutter oder Partnerin verfallen wir in alte Vorstellungen, wobei wir, sobald uns dies auffällt, doch lieber modern sein wollen. Wir wollen eine „gute Partnerin" und/oder „gute Mutter" im herkömmlichen Sinn sein, aber wir wollen auch den Ansprüchen der „neuen Frau" und den Ansprüchen des „neuen Erfolgsmenschen" gerecht werden. Dabei wollen wir als Karrierefrauen in der herkömmlichen (noch immer) männlichen Berufswelt erfolgreich sein, aber dennoch unsere Weiblichkeit nicht verlieren.

Wir leben im *Rollenkonflikt*, da die gegebenen Lebensumstände (in die wir irgendwie rein zu rutschen scheinen) uns ein Leben nach unseren Vorstellungen häufig untersagen. Menschen im Rollenkonflikt neigen zu Fluchtverhalten. Sie entfliehen in neutrale Situationen. Immer mehr Frauen entfliehen diesem potenziellen Konflikt in die Kinderlosigkeit. Manchmal werden sie dabei jedoch ebenfalls von ihrem vermeintlich vermiedenen Rollenkonflikt eingeholt – dann nämlich, wenn sie irgendwann feststellen, dass sie so, wie sie leben, eigentlich auch nicht leben wollten. Andere, die heiraten und Kinder bekommen, flüchten sich irgendwann in eine Scheidung und in die vermeintliche Selbstverwirklichung ohne Mann oder gar ohne ihre Kinder. Ich finde dies sehr traurig. Ich glaube, dass sich auch innerhalb einer Partnerschaft, in einem Leben mit Kindern sowie im gesunden Umgang mit den erdrückenden Erfolgserwartungen unserer Zeit ein Selbstwertgefühl und Selbstachtung für Frauen erarbeiten lässt. Ich glaube sogar, dass es erst gar nicht nötig ist, dass Frauen ihre Selbstachtung verlieren, sei es durch ihre Berufstätigkeit, durch ihre Partnerschaft, durch die Geburt eines Kindes beziehungsweise mehrerer Kinder oder durch den gegebenen Must-Have-Wahn unserer Zeit. Leider ist dieser Selbstwertverlust ein sehr schleichender und nahezu unmerklicher Prozess. Ich habe ja selbst erlebt, wie mein Selbstwertgefühl auf den Nullpunkt zusteuerte. Heute habe ich meinen Frust überwunden. Ich fühle mich nicht mehr fremd in meinem Leben – ich lebe *mein* Ich in *meinem* Leben.

Es gilt, die *Diskrepanz* von moderner zu traditioneller Rollen- und Lebensvorstellung aufzuheben. Es soll möglich werden, im Einklang mit modernen Vorstellungen zufrieden und selbstbewusst Frau, Karrierefrau, Partnerin und gegebenenfalls Mutter zu sein! Dabei sollten sich an dieser Stelle die Männer, Karrieremänner, Partner und gegebenenfalls Väter ebenso angesprochen fühlen, – denn die Lebenssituationen von Frauen sind ja meist auch durch das jeweilige männliche Gegenüber geprägt. Hier zu einem zufriedenen Miteinander für alle Parteien zu gelangen, ist als Aufgabe für alle Beteiligten zu erachten!

Dieses Buch versteht sich als Hilfestellung hierzu. Dabei ist vieles, was im Folgenden zu lesen ist, schon in anderer Form als Buch erschienen. In dem bereits genannten Buchtitel *Ich bin Hausfrau – na und?! Plädoyer für ein neues Selbstverständnis* (1995 im Walter Verlag erschienen).

Als jenes Buch in seiner Originalausgabe 1995 erschien, stand an dieser Stelle folgendes: „Es wundert mich eigentlich, dass es zum Thema dieses Buches fast nichts zu lesen gibt. Es gibt zwar viel zum Thema Emanzipation und Feminismus, doch diese Bücher beschäftigen sich meist mit dem Problemfeld Frau im Beruf oder Frau und Gesellschaft. Mir ist aber noch nichts zum Thema „Emanzipation im Haushalt" begegnet. Es geht dabei um die Frage: *Warum ist es so schwer, Hausfrau und dabei selbstbewusst und voller Selbstwertgefühl zu sein?* Dies hängt mit dem Bild der

Hausfrau und mit der gesellschaftlichen Nichtachtung der Hausarbeit zusammen. Deshalb brauchen wir das Wissen um die teilweise unbewussten Zusammenhänge, die unser Hausfrauen-Bild geprägt haben und noch immer beeinflussen."

Auch wenn die Originalausgabe an vielen Stellen stark überarbeitet wurde, so sei an dieser Stelle darauf hingewiesen, dass das Thema „Emanzipation im Haushalt" alles andere als überholt ist, obwohl es keine Hausfrauen mehr zu geben scheint. Gegenwärtig wird der Anschein erweckt, als seien alle Frauen erwerbstätig. Wenn eine Frau ihrer Kinder wegen gerade nicht erwerbstätig ist, so wird sie in dieser Zeit nicht als Hausfrau bezeichnet – nein, sie ist eine Frau in „Elternzeit". Dennoch ist das Thema „Emanzipation im Haushalt" in allen Paarbeziehungen allgegenwärtig. Denn es mag zwar die klassische Hausfrau verschwunden sein, nicht aber die *tägliche Hausarbeit*. Welcher Mann putzt schon die Toilette? Hausarbeit ist auch heute noch vor allem Frauensache. Während in Deutschland Frauen durchschnittlich 164 Minuten täglich mit Hausarbeiten wie Kochen, Putzen oder Bügeln verbringen, beschäftigen sich Männer nur etwa 90 Minuten damit. Ein Konfliktpunkt in so mancher Partnerschaft! Dieser Konfliktpunkt offenbart einen wichtigen Aspekt: Mit der Hausarbeit ist nicht nur das (Rollen-)Bild der Hausfrau, sondern vielfach auch das prinzipielle Bild der Frau verbunden. Unser Frau-Sein ist noch immer mit Hausarbeit verknüpft! Deshalb erscheinen die diesbezüglichen Inhalte des Originalbuches noch immer nicht überholt, sondern geradezu brandaktuell! Deshalb wird es im Folgenden auch um die Hausarbeit und das damit verbundene Frauen-Bild gehen.

Bevor ich jedoch beginne, möchte ich noch etwas zu meiner Sprache sagen. Ihnen ist vielleicht schon aufgefallen, dass ich jede und nicht jeder oder keine und nicht keiner sage. Wenn ich in meinem Buch „jede" schreibe, so schließt dies (häufig) „jeden" (die Männer) mit ein. Ich nehme mir als Frau das Recht, die weibliche Form als die allgemeingültige zu benutzen. Dies ist vielleicht ungewohnt, aber es hat die gleiche Berechtigung wie die männliche Form. Im Kapitel „Unsere Sprache" gehe ich noch mehr auf dieses Thema ein.

An dieser Stelle möchte ich es nicht versäumen, all jenen Frauen zu danken, die mit ihrem Rat, ihrer Meinung, ihrer Kritik, mit Korrekturlesen und sonstiger Hilfestellung zum Werden dieses Buches beigetragen haben. Vielen Dank euch allen! Speziell für die Neuausgabe danke ich meinem Freund und Lektor Thomas Frahm für seine Unterstützung und Hilfe bei der Überarbeitung.

Das eigene ICH leben – heute unmöglich?!

Um den Faktoren, die unser Frauen-Bild beeinflussen, etwas näher zu kommen, möchte ich zuerst auf die äußeren, sichtbaren Bedingungen des Frau-Seins eingehen.

Ich bin Mutter, Köchin, Putzfrau, Arbeitnehmerin, Kollegin. Zwei mal war ich Ehefrau. Daneben bin ich Freundin, Tochter, Schwester. Durch mein abgeschlossenes Studium bin ich Akademikerin und das sogar mit Doktortitel. Aus Leidenschaft bin ich Autorin. Und wahrscheinlich bin ich bei näherer Betrachtung noch einiges mehr. Dabei ist vieles, was ich bin, geprägt durch die Gegebenheit, dem weiblichen Geschlecht anzugehören.

Ich bin ein weiblicher Mensch, und diese Tatsache hat mein Leben von Anfang an umfassend geprägt – leider allzu häufig auch auf unerfreuliche Art und Weise.

Inzwischen habe ich viele (teilweise verborgene) Zusammenhänge, die mein Leben als Frau prägten und prägen, durchschaut und kann deshalb damit besser umgehen, ja sogar glücklich damit leben! Ich habe gelernt, *trotz* all der Erwartungen, Anforderungen und Bedürfnisse, die von anderen und der Gesellschaft an mein Frau-Sein gerichtet sind, meine Persönlichkeit zu leben. Ich habe gelernt, mein Ich zu leben – als Frau.

Wir leben in einer emanzipatorischen, dabei aber stark Leistung fordernden und an Konsum orientierten Zeit: Von Frauen wird, genau wie von Männern, Erfolgs- und Karriereorientierung erwartet und gefordert. Frauen sind inzwischen in der westlichen Welt auf vielen Ebenen unabhängig. Sie brauchen keinen Mann (mehr) an ihrer Seite, um sie zu ernähren und zu beschützen. Frauen – so scheint es – können ein sowohl ökonomisch unabhängiges als auch weitestgehend gleichberechtigtes Leben führen. Viele der einschränkenden Verhaltensmaßregeln vergangener Zeiten *scheinen* heute ebenso überholt zu sein wie alte Rollenklischees.

Doch immer mehr Menschen – Frauen, aber auch Männer – stellen nicht nur die Errungenschaften der Emanzipation, sondern auch die Grundbedingungen der modernen Lebensweise in Frage. Was die männliche Seite betrifft, so soll der „moderne Mann" nicht mehr ausschließlich auf seine Karriere konzentriert leben, sondern auch für Frau und Kinder da sein. Männer sollen *alles* unter einen Hut bringen und dabei noch männlich bleiben. Stellt sich die Frage, ob und wie dies möglich ist? Hinsichtlich des Problems, wie Frauen *alles* unter einen Hut bringen können, wird von Kritikern der Emanzipation zunehmend als Argument angeführt, dass sich Frauen ihren sogenannten „natürlichen Aufgaben" nicht mehr hinreichend widmen. Diese Emanzipationskritiker sehen Gesellschaft und Familie hierdurch in Gefahr. Dabei wird von diesen traditionell orientierten Menschen auch ins Feld geführt, dass Frauen sich durch ihr emanzipatorisches Verhalten letztlich selbst ins Unglück stürzen – *zwangsläufig*, da sie ihre „ursprüngliche Bestimmung", ihr „Frau-Sein", nicht mehr leben. Stellt sich die Frage, ob dies wirklich so ist?

Als Jugendliche hatte ich ein gewaltiges Problem damit, als weibliches Wesen auf die Welt gekommen zu sein. Allzu gern zählte ich die Nachteile auf, die ich damit vor etwa vierzig Jahren verbunden sah: Frauen bekommen in ihrer fruchtbaren Zeit alle vier Wochen ihre Blutung, Frauen sind in aller Regel körperlich den meisten Männern unterlegen und haben deshalb häufig in bestimmten Situationen Angst (zum Beispiel nachts durch dunkle Gassen zu gehen). Diese Kritikpunkte beziehen sich auf körperliche Gegebenheiten, an denen sich nur bedingt etwas ändern lässt. Jede Frau ist gezwungen, sich damit zu arrangieren und das Beste daraus machen.

In der Arbeitswelt sah ich in jungen Jahren uns Frauen massiv benachteiligt: Zum einen fand ich es ungerecht, dass Frauen vor allem in schlecht bezahlten und gesellschaftlich wenig angesehenen Berufen tätig zu sein schienen. Frauen schienen bei ihrer Berufswahl vor allem auf niedere Dienstleistungen oder Berufe eingeschränkt zu sein, die den Männern zuarbeiten: Friseurin, Verkäuferin, Putzfrau, Sekretärin, Arzthelferin, Krankenschwester, Kindergärtnerin usw. Diese Einschränkung erschien mir völlig unverständlich. Zudem wurden Frauen bei Stellenbesetzungen, vor allem wenn sie im gebärfähigen Alter waren, benachteiligt. Sie wurden und werden ungern eingestellt, da sie durch Schwangerschaft und Geburt ausfallen könnten. Ergattern sie dennoch eine Stelle, so wurden und werden sie vielfach schlechter bezahlt. Auf Managerebene oder in Vorständen waren sie damals und sind sie nach wie vor völlig unterrepräsentiert. Ließen sich Frauen auf eine Ehe ein und bekamen Kinder, waren (und sind sie vielfach noch) finanziell vom Mann abhängig. Damals stand deshalb mein Entschluss fest: ich wollte keine Kinder. Lieber wollte ich Karriere machen und Professorin werden.

Im Vertrauen auf die Emanzipationsbewegung, im Vertrauen auf Liebe und Partnerschaft habe ich mich dann doch anders entschieden. In Folge dessen musste ich genau das erfahren und durchleben, wovor ich mich in meiner Jugend eigentlich schützen wollte: Benachteiligung im Berufsleben, sozialer Abstieg nach Scheidung bis hin zur Hartz IV-Empfängerin. (Mehr zu mir und meinem Lebensweg erfahren Sie in meinem Buch: Hartz IV und Co.: Wie unsere Gesellschaft Armut provoziert – und wie Betroffene ihre Würde bewahren).

Mein Lebensweg und die damit verbundenen Gefühle von Existenznot sind, wenn auch nicht die Regel, so doch kein Einzelfall. In unserer Gesellschaft grassiert die Angst zu versagen, die Angst vor sozialem Abstieg, die Angst vor Hartz IV, vor Altersarmut oder auch (nur) die Angst vor dem Verlust des mühsam Erarbeiteten. Versagens- und Existenzangst greifen um sich, werden aber aus Ohnmacht unterdrückt oder verdrängt. Doch Gefühle lassen sich auf Dauer nicht in erlaubte und unerlaubte, zugelassene und verbotene teilen. Hier gilt die Devise: „Entweder ganz oder gar nicht!" Wer Ängste unterdrückt, beschneidet auf Dauer das ganze Spektrum der eigenen Gefühlswelt. Wer seine Ängste unterdrückt, unterdrückt auch seine Empfänglichkeit für Freude und Glück im Leben!

In den zunehmend angstbesetzten derzeitigen Lebensumständen offenbart sich das *eigentliche Problem* unserer emanzipatorischen, stark leistungsbezogenen und konsumorientierten Gesellschaft: sie unterdrückt – zugunsten von Erfolgs-, Leistungs- und Konsumorientierung – die menschliche Gefühlswelt und ein emotional orientiertes soziales Miteinander!

Auch wenn dieser Zusammenhang wohl von den wenigsten so konkret formuliert wird, stellen dennoch immer mehr Menschen Grundbedingungen der modernen Lebensweise in Frage. Sie fühlen sich unzufrieden, wünschen sich ein „irgendwie anderes" Leben. Die meisten Menschen lehnen doch weder Liebe noch Kinder oder Familie – egal in welcher Form – ab. Sie lehnen jedoch ab, dass sie aufgrund des Auslebens von Liebe und Partnerschaft in angstbesetzte gesellschaftliche Zwangslagen geraten, aus denen sie sich nicht mehr oder nur mit äußerster Anstrengung befreien können.

Ich erachte es als einer modernen Gesellschaft unwürdig und gegen sämtliche Freiheitsgedanken und auch gegen die allen Menschen zugesprochene Menschenwürde verstoßend, dass die Hälfte der Menschheit, die Frauen, durch einen einzigen Aspekt ihres Geschlechts, ihre Gebärfähigkeit, als sogenanntes „schwaches Geschlecht", benachteiligt und eingeschränkt werden. Und ich erachte es als ebenso unwürdig und gegen die Menschenwürde verstoßend, dass die andere Hälfte der Menschheit, die Männer, durch einen einzigen Aspekt ihres Geschlechts, ihre Nicht-Gebärfähigkeit, als sogenanntes „starkes Geschlecht", hinsichtlich der Lebenswelt Familie ebenso benachteiligt und eingeschränkt werden. Beide Geschlechter werden in ihrer natürlichen Ganzheitlichkeit beschnitten. Dies spiegelt sich in einer einseitig (männlich) ausgerichteten Wirtschafts- und Gesellschaftsstruktur wieder, die nicht nur die Umwelt, sondern auch die Menschen zunehmend zerstört.

Die Emanzipationsbewegung konzentrierte sich auf die wirtschaftliche Unabhängigkeit der Frauen und wollte hierdurch das vormals übliche „Frauenschicksal" der drei K's von „Kinder, Küche, Kirche" überwinden. Die Frauen sollten möglichst tiefgreifend in die einst (und noch immer) männlich dominierte Berufswelt integriert werden. Doch die männliche Lebenswelt blieb bei diesem Wunsch unbeachtet, weshalb die Emanzipation auch nur einseitig erfolgte und deshalb in gewisser Weise als gescheitert angesehen werden kann. Es ist sicherlich unbestreitbar, dass die Arbeitskraft von Frauen inzwischen in die Arbeitswelt integriert ist. Doch mit dieser Tatsache verbinden sich für mich drei zentrale Fragen:

1. Welche Folgen hat dies für die einzelne Frau, welche für die Gesellschaft?

2. Wurde mit der weiblichen Arbeitskraft auch Weiblichkeit tiefgreifend in die Gesellschaft integriert?
3. Woran liegt es, dass die zweite Frage leider eindeutig mit Nein beantwortet werden muss?

Ein Aspekt zur Beantwortung dieser Fragen ist sicherlich darin zu sehen, dass manche Frauen auf ihrem Weg zur emanzipierten Frau über das vorgegebene Ziel hinausgeschossen sind. Manche Frauen, gerade in Führungspositionen, erscheinen männlicher als ihre männlichen Kollegen. Um sich im Gefüge höherer Positionen zu integrieren, mussten sie lernen, sich über Leistung und Erfolgsstreben zu definieren. Sie mussten lernen, sich ihrer Ellenbogen zu bedienen, lernen, für ihre Ziele und Positionen zu kämpfen, und sie mussten sich dabei den Gepflogenheiten der männerdominierten Arbeitswelt anpassen.

Dabei blieben vielfach Aspekte der sogenannten „Weiblichkeit" auf der Strecke. Grundlegende, als weiblich erachtete Lebens- und Verhaltensweisen mussten den entsprechenden männlichen Attributen weichen. Wobei an dieser Stelle bereits darauf hingewiesen sein soll, dass nicht nur Frauen über sowohl männliche als auch weibliche Eigenschaften verfügen – beide Geschlechter bergen sowohl die einen wie die anderen Charaktereigenschaften. Es gibt männliche Männer und weibliche Frauen. Es gibt aber auch weibliche Männer und männliche Frauen. Zudem gibt es Menschen, die sowohl männliche als auch weibliche Charaktereigenschaften gleichrangig in sich vereinen (hierzu mehr ab Seite 34ff).

Aber unsere Gesellschaft hat sich seit Jahrhunderten vor allem den sogenannten männlichen Persönlichkeitsattributen des Menschen zugewandt und diese gefordert und gefördert. Will eine Frau in der Arbeitswelt erfolgreich sein, so muss sie die geforderte und geförderte männliche Seite in sich aktivieren, sich auf diese konzentrieren und entsprechend ihre weibliche Seite vernachlässigen – genau wie ihre männlichen Kollegen!

Hierin liegt ein hohes Maß an Persönlichkeitsverlust, der immer mehr Menschen, Frauen wie Männern, das Leben schwer macht. Um in der karriere-, erfolgs- und leistungsorientierten Gesellschaft bestehen zu können, müssen Teile der eigenen Persönlichkeit unterdrückt oder gar völlig verdrängt werden. Das eigene Ich in seiner Ganzheitlichkeit zu leben erscheint zunehmend unmöglich!

Die sogenannten männlichen Eigenschaften werden häufig als eher vernunftbetont und die sogenannten weiblichen als gefühlsbetont definiert. Orientiert an dieser Zweiteilung, wird deutlich, was in unserer Gesellschaft unterdrückt wird: die Emotionalität! Zugunsten gesellschaftlich vorgegebener Ziele *muss* in unserer modernen Gesellschaft das *eigene ICH zugunsten der Vernunftorientierung um seine Emotionalität beschnitten werden.* Kommt dann noch hinzu, dass durch chronische Versagens- und/oder Existenzängste die eigene Emotionalität noch weiter verstümmelt wird, dann wird die *ganze Dimension der Unterdrückung von Gefühlen in der modernen Zeit deutlich.* Hier sei nochmals eindringlich darauf hingewiesen: Hinsichtlich der Gefühle gilt die Devise „Entweder ganz oder gar nicht!" Wer Ängste unterdrückt, beschneidet auf Dauer das ganze Spektrum der eigenen Gefühlswelt. Wer seine Ängste unterdrückt, unterdrückt auf Dauer auch die Möglichkeit der Empfindung von Liebe, Freundschaft, sozialem Miteinander, Mitgefühl und Freude. Letztlich beraubt sich der Mensch der Möglichkeit Glück zu Empfinden!

Immer mehr Menschen leiden hierunter – sie leiden unter Unzufriedenheit, Depression oder Burnout. Bevor die eigene Gefühlslage mit einem der genannten Begriffe beschrieben wird, stellen die Betroffenen (Frauen wie Männer) mit Verwunderung fest, dass ihnen ihr eigenes Leben fremd geworden ist. Sie stellen fest, dass sie sich selbst „irgendwie" fremd geworden sind!

In einer solchen Situation verschaffen einerseits die Auseinandersetzung mit den gegebenen Rahmenbedingungen, in denen wir unser ICH leben müssen und andererseits das Aufzeigen möglicher Veränderungen Abhilfe. Beides soll mit diesem Buch an die Hand gegeben werden.

In dem Buch *Ich bin Hausfrau – na und?!* - *Plädoyer für ein neues Selbstverständnis* habe ich mich mit dem Selbstwertverlust durch die Lebensweise als Hausfrau beschäftigt. Inzwischen ist zwar der Titel nicht mehr zeitgemäß, der Inhalt, der sich mit einem *neuen Selbstverständnis* beschäftigt, erscheint mir jedoch noch sehr aktuell. Aus diesem Grund habe ich mich zu einer zeitgemäßen Überarbeitung des genannten Buches entschlossen.

Es geht nun nicht mehr um die Hausfrau, sondern um den Menschen allgemein. Es geht um die Tatsache, dass für immer mehr Menschen das eigene ICH unter den Bedingungen der modernen Zeit droht, auf der Strecke zu bleiben. Als Frau beschränke ich mich jedoch auf die weibliche Perspektive, auch wenn ich der Meinung bin, dass die Männer endlich mehr Verantwortung bei den notwendigen Veränderungen übernehmen sollten. Als Frau kann und möchte ich mir aber nicht anmaßen, die männliche Perspektive ebenfalls darzulegen. Dennoch möchte ich an dieser Stelle gerne auch die Männer auffordern, dieses Buch zu lesen und sich entsprechend mit ihrer Rolle in der Gesellschaft und in ihrem Leben auseinander zu setzen! Ein Tipp an die Leserinnen: Fordern Sie doch Ihren Partner zur Lektüre dieses Buches auf – setzen Sie sich zusammen mit ihm mit ihren gemeinsamen Lebensbedingungen und möglichen Veränderungen auseinander – zum beiderseitigen Nutzen!

Befreiung aus der Anpassung

Die streitbare Rolle der Frau

Als ich damit anfing, meine Gedanken um mich und meine Situation als Frau kreisen zu lassen, kamen mir zuallererst die Fragen: Wer bist du? Was bist du? Was machst du hier eigentlich? Welche Rolle spielst du in diesem Theaterstück, das eigentlich dein Leben sein sollte? Damit hatte ich schon den entscheidenden Begriff! Welche *Rolle* spielt die Frau, welche Rolle spielt Weiblichkeit in unserer Gesellschaft.

Es streitet wohl kaum jemand ab, dass unsere Gesellschaft männerorientiert, männerbevorzugend, eben patriarchalisch orientiert ist. Dies war so (zwar nicht immer!), ist so und wird auch so bleiben, wenn nicht endlich grundlegende Änderungen eintreten.

Bei der Beschäftigung mit der Geschichte der Frau wurde mir ein Zusammenhang recht deutlich bewusst. Mit der Kenntnis von der Zeugungsfähigkeit des Mannes beginnt die Unterdrückung der Frau. Im matriarchalen System war die Vaterschaft im biologischen Sinn entweder unbekannt oder unwichtig. Als Mittelpunkt der Familienstruktur wurde die Mutter erachtet (Matrilinearität). Sie gebar das Kind und versorgte es (Stillen). Deshalb war sie eindeutiger Bezugspunkt. Irgendwann erkannten die Menschen, dass die Männer am Werden des Lebens nicht unbeteiligt sind. Der Gesichtspunkt der Zeugung wurde bewusst. Mit der Anerkennung der Vaterschaft veränderte sich die Sozialstruktur. Den Männern wurde wichtig zu wissen, dass ihre Partnerin nur *einen* Mann hat beziehungsweise dass nur sie als Vater ihrer Kinder in Frage kommen. Mit der Kenntnis der Vaterschaft kam die monogame Beziehung. Ich finde diesen Zusammenhang doch recht erstaunlich.

Der Wunsch der Männer (vielleicht auch der Frauen – wir wollen ja nicht ungerecht sein) nach eindeutiger Klärung der Vaterschaft verlangte von den Frauen eine monogame Lebensweise. Aus den griechischen Mythen ist die Erzählung von Kekrops bekannt. Er gilt als der erste König Athens, und er erscheint als der erste Mensch, der für den Vorgang der Zeugung zwei Elemente sieht, die Mutter und den Vater. In der überlieferten Geschichte erfahren wir, dass Kekrops die Monogamie oder Einehe eingeführt hat. Eine weitere Erzählung berichtet, dass die Frauen unter Kekrops' Regierung das Recht verloren, die Kinder nach den Müttern, also metronym zu benennen. Bei uns war bis vor kurzem die patronyme, nach den Vätern gerichtete, Namensweitergabe üblich. (Wenn dieses Thema Sie interessiert, dann lesen Sie doch: Kerenyi, Karl: „Die Jungfrau und Mutter der griechischen Religion", Zürich 1952). Fazit: Weil den Menschen, wahrscheinlich den Männern, die eindeutige Vaterschaft wichtig war (und ist), wurden die Ideale von Ehe und Familie eingeführt. Dabei ging die vorherige Vormachtstellung der Frauen auf den Mann über. Der Mann wurde zum Bezugspunkt für die Familie, sein Name wurde getragen, er durfte über die Angelegenheiten der Familie und über die Personen, die zu ihr zählten, bestimmen. Mit dem Mann als Familienoberhaupt wurden auch die männlichen Nachkommen wichtig, denn nur sie würden den Erhalt des Familiennamens und Familienerbes sichern.

Der Kreis schließt sich, und ich denke, es wird deutlich, dass die *Rolle der Frau* in unserer abendländischen patriarchalen Gesellschaft durch die *Institutionen* Ehe und Familie weitgehend bestimmt ist. Gegen die Ehe und den Zusammenhalt in einer Familie gibt es an sich nichts einzuwenden. Ich finde eine monogame Beziehung ganz angenehm und beruhigend. Ich freue mich auch über die Gewissheit der eindeutigen Vaterschaft meiner Kinder. Ich möchte mich aber gegen die Arbeitszuteilung, die sich aus der Ehe ergibt, ebenso wehren, wie gegen die wirtschaftliche und gesellschaftliche Unterdrückung von Weiblichkeit. Die Menschen haben im Lauf der Geschichte ein Gedankengebäude erbaut, welches die Frau zur

Hausarbeit und den Mann zur Erwerbsarbeit *zwingt*. Dabei wurde gleichzeitig Weiblichkeit auf die Tätigkeit im Haushalt beziehungsweise auf den Wirkungskreis Familie beschränkt und Männlichkeit auf alle wirtschaftlichen und gesellschaftlichen Belange übertragen. Begründet werden diese Zwangszuweisungen zum Beispiel folgendermaßen: Durch die biologische Gegebenheit der Teilung der Menschheit in gebärfähige und nicht-gebärfähige Wesen ergeben sich „scheinbar natürlich" die familiären und ehelichen Vorstellungen der Arbeitsteilung. Die Frau gebiert die Kinder, und weil sie „von Natur aus feinfühlig" ist (so wird es in der Literatur dargestellt), ist sie auch für die „Aufzucht" der Nachkommenschaft geeignet. Da der Mann in diesem Zusammenhang scheinbar unfähig ist, liegt seine Zuständigkeit im Bereich der Sicherung des Lebensunterhalts seiner Familie. Er muss durch eine Tätigkeit außerhalb der Familie Geld verdienen. Der Mann geht „in die Welt hinaus", während die Frau im familiären Rahmen tätig ist. Die feinfühlige Weiblichkeit gehört in den Lebensbereich Familie, während die männliche Durchsetzungskraft im Lebensbereich Arbeit und Wirtschaft am besten wirkt. So sieht die scheinbar „natürliche" Arbeitsteilung aus, die über Jahrhunderte hinweg nicht nur das Familienleben und den Lebenslauf der Frauen, sondern auch die Entwicklungen in wirtschaftlichen und gesellschaftlichen Bereichen bestimmt hat. Und auch wenn heute beide für die finanzielle Absicherung erwerbstätig sind, so ist es doch meist die Frau, die halbtags „*nur* dazu verdient" und deshalb vornehmlich für die Hausarbeit und Kindererziehung zuständig zu sein hat.

Für die heutige Situation ist diese Aufteilung geschlechtsbezogener Fähigkeiten recht streitbar. Die früher angeführte, fast ständige „Behinderung" der Frau durch Schwangerschaft und Säuglinge, kann heute wohl kaum als Grund für eine gesellschaftlich festgelegte Arbeitsteilung angenommen werden. Die Geburtenrate liegt im Durchschnitt bei 1,38, also häufig

bei nur ein oder zwei Kindern pro Familie beziehungsweise pro Frau. Weltweit betrachtet werden in Deutschland nach einer neuesten Studie (von 2015, des Hamburger Weltwirtschaftsinstituts) pro Tausend Einwohner die wenigsten Kinder geboren! (8,28 Geburten pro 1000 Einwohner. Siehe: http://m.spiegel.de/wirtschaft/soziales/a-1036553.html)
Von ständiger Behinderung kann keine Rede mehr sein! Trotz der „geringen" Geburtenzahl leisten die Frauen durch ihre Geburten noch immer einen enormen gesellschaftlichen „Dienst". Schließlich ergibt sich die Tatkräftigkeit einer Gesellschaft aus der Anzahl ihrer Mitglieder, und die Natur will es so, dass *jedes* Mitglied unserer Gesellschaft von einer Frau geboren wird! Dieser „Dienst" verdient wirklich mehr Anerkennung!

Doch diese Anerkennung wird zunehmend verwehrt. Dies hat auch seinen Grund in der geringen Geburtenrate. Die Gesellschaft und mit ihr die Politik beschäftigt sich zumeist mit Problemlagen, die irgendwie augenfällig sind oder von großem wirschaftlichen Interesse. Der Personenkreis, der Kinder hat, wird aber immer kleiner und spielt zudem im großen wirtschaftlichen Kreislauf eine immer nebensächlicher werdende Rolle. Von wirschaftlichem Interesse sind kinderlose Singles mit gutem Einkommen. An ihnen und ihren Bedürfnissen orientieren sich Wirtschaft und Politik. Da bleiben zum Beispiel Verbesserungen der finanziellen Situation von Erzieherinnen, finanzielle Mittel für bessere Bildung oder die Notwendigkeit von Kinderspielplätzen gerne mal auf der Strecke! In diesem Zusammenhang muss nochmals daran erinnert werden: Die Tatkraft einer Gesellschaft ergibt sich aus der Anzahl ihrer Mitglieder! Die Natur will es so, dass *jedes* Mitglied unserer Gesellschaft von einer Frau geboren wird. Potenzielle Mütter und Mütter brauchen Rahmenbedingungen, die Muttersein attraktiv machen, und jedes Kind braucht Rahmenbedingungen, die ein Heranwachsen zu einem tatkräftigen Menschen möglich machen! Für diese Rahmenbedingungen zu sorgen, ist

Aufgabe von Politik und Gesellschaft. Doch zurück zur Rolle der Frau.

Das Stillen ist zwar, wie das Gebären, eine Domäne der Frauen, jedoch ist durch die Möglichkeit der „Flaschenernährung" eine Alternative gegeben: prinzipiell können hierdurch auch die Männer den Säuglingshunger „stillen". Nicht das „Feingefühl", sondern das Ernähren (Stillen) fixiert die Kinder auf die Mutter. Sie könnten sich durchaus auch auf eine männliche Bezugsperson fixieren.

Die Möglichkeit, Erziehungsverantwortung zu übernehmen, kann beiden Geschlechtern gleicher-maßen zugesprochen werden. (Das Elterngeld können heute ja auch beide beantragen!). Leider liegt es häufig im *Interesse der Männer*, sich hieran nicht oder nur wenig zu beteiligen. Um diesen Umstand zu vertuschen, sprechen sie von „natürlicher weiblicher Sensibilität". Jedoch dort, wo ein Vater auch Elternzeit in Anspruch nehmen und Erziehungsverantwortung übernehmen möchte, stößt er allzu häufig auf berufliche Rahmenbedingungen, die ihm dies nicht ermöglichen. In diesem Zusammenhang gilt: Potenzielle Väter und Väter brauchen Rahmenbedingungen, die Vatersein attraktiv machen, und jedes Kind braucht Rahmenbedingungen, die ein Heranwachsen zu einem tatkräftigen Menschen möglich machen! Hierbei sollte der Vater nicht nahezu gänzlich fehlen. Für diese Rahmenbedingungen zu sorgen ist Aufgabe von Politik und Gesellschaft.

Rein auf die Grundbedingungen der Kinder- und Haushaltsversorgung beschränkt betrachtet, steht also einem Austausch der Geschlechterrollen von Frau und Mann kaum etwas entgegen. Zum einen können Frauen heute genauso erwerbstätig sein wie Männer, zum anderen könn(t)en Männer die häuslichen und erzieherischen Pflichten ebenso erledigen wie Frauen.

Theoretisch sind die Tätigkeitsbereiche von Frau und Mann heute austauschbar! Wenn sie austausch-

bar sind, dann müssten sie auch gleichwertig und gleichberechtigt sein!

Jeder vernünftige Mensch muss dieser Einschätzung zustimmen! Doch leider unterscheidet sich die Theorie von der Praxis!

Gleiche Anerkennung und Gleichberechtigung

Trotz der einleuchtenden theoretischen Basis fällt es unserer Gesellschaft sehr schwer, eine *Gleichberechtigung* der Geschlechter einzuführen beziehungsweise sie ganz einfach zu leben. Woran mag dies liegen? Dies Problem beschäftigt mich schon lange. Dabei quält mich auch immer wieder die Frage, was unter Gleichberechtigung eigentlich zu verstehen ist. Die Antwort hierauf ist gar nicht so leicht, wie es scheint.

Nach einem Deutschen Wörterbuch bedeutet Gleichberechtigung: *„die rechtliche und gesellschaftliche* Gleichstellung von Mann und Frau."

Die rechtliche Gleichstellung:

In der Bundesrepublik Deutschland ist die Gleichstellung von Frau und Mann in allen Lebensbereichen verfassungsmäßig garantiert. Lücken des Gesetzbuches wurden erstmals durch ein Gleichberechtigungsgesetz (01.07.1958) beseitigt. Seit 14. August 2008 wurde dies durch das „Allgemeine Gleichbehandlungsgesetz" in Deutschland abgelöst. Auch ein „Erstes Gesetz zur Reform des Ehe- und Familienrechts" (14.06.1976), das am 1.07.1977 in Kraft getreten ist, sollte rechtliche Lücken beseitigen. *Rechtlich sind Mann und Frau also gleichberechtigt.* Trotzdem müssen Frauen auch heute noch für „ihre" Gleichberechtigung eintreten – aber warum? Es liegen eben Welten zwischen dem, was rechtlich festgelegt ist, und dem, was die Menschen davon halten.

Ein Beispiel: Jede Verheiratete weiß, dass sie mit ihrem Partner in einer Zugewinngemeinschaft lebt, sofern kein spezieller Ehevertrag abgeschlossen wurde. Auch ist bekannt, dass es eine Regelung der Unterhaltspflicht für Mann und Frau gibt. Gesetzlich stehen diese beiden Regelungen für die rechtliche Anerkennung der grundsätzlichen Gleichwertigkeit von haushaltsbezogener Tätigkeit und außerhäuslicher Erwerbstätigkeit. *Somit sind Frau und Mann nicht nur gleichberechtigt, sondern ihre jeweiligen Tätigkeitsbereiche sind auch gleichwertig – laut Gesetz!*

Doch wer erkennt diese Gleichwertigkeit im Alltag an? Hausfrauen erhalten kein Gehalt und somit auch keine eigene Grundrente für ihre Arbeit. Eine Ausnahme ist seit Einführung der Elternzeit gegeben: bleibt eine Frau 12 Monate nach der Geburt ihres Kindes zuhause, dann erhält sie Elterngeld, welches auch rentenwirksam ist. Möchte sie oder muss sie (wegen fehlendem Hortplatz) länger erwerbslos bleiben, erhält sie keinen finanziellen Ausgleich für ihre Tätigkeit mehr! Bei der Rentenregelung, die die Zahlung der Rente nach dem Tod des Ehe-Partners regelt, sind Hausfrauen ebenfalls benachteiligt (siehe S. 108). Somit widersprechen schon grundlegende Rahmenbedingungen, die zur Umsetzung der Gesetze dienen sollten, dem Gleichheitsgrundsatz. Deshalb sind die Einschätzungen: „Wir gehen arbeiten und die Frauen machen sich ein schönes Leben" oder „Du bist doch nur zuhause!" nicht verwunderlich. Ist eine Frau wegen ihrer Kinder halbtags erwerbstätig, so beteiligt sich ihr Partner vielfach recht wenig an der Hausarbeit – dies mit dem Argument: „Ich geh schließlich den *ganzen* Tag arbeiten!". Rechtlich (per Gesetz) besteht zwar eine Gleichwertigkeit von Haus- und Erwerbstätigkeit, aber in der Praxis und in den Köpfen der Menschen existiert eine andere Einschätzung. Ich denke, dass genau hier ein wichtiger „Knackpunkt" in der Frage der Gleichberechtigung liegt. Hausarbeit wird nicht als Arbeit, als Beruf, anerkannt, da sie die traditionelle, unbezahlte und selbstverständliche Tätigkeit der Frauen ist. Männer sind sich hierfür „zu schade", denn für sie ist

Hausarbeit eine minderwertige Tätigkeit. Dies muss sich ändern! Auch zwanzig Jahre nach Erscheinen des Originalbuches hat sich hieran nur wenig geändert!

Die gesellschaftliche Gleichstellung:

Die Schwierigkeiten der Gleichberechtigung liegen also weniger im gesetzlich-rechtlichen als im gesellschaftlichen Bereich. Was aber bedeutet gesellschaftliche Gleichstellung, und was macht sie so schwierig?

Die Gesellschaft ist eben nicht nur durch die Gesetze geordnet. Vielmehr ist die Gesellschaft, weil sie eine Gemeinschaft von Menschen ist, durch menschliches und zwischenmenschliches *Verhalten* bestimmt. Dieses Verhalten beeinflusst das *Denken* und *Fühlen* der Menschen. Die Schwierigkeiten der Gleichberechtigung liegen genau hier. Das Miteinander der Menschen ist von bestimmten geschlechtsbezogenen *Verhaltensmustern* beeinflusst. Wie Strickmuster steuern diese Muster das Verhalten. Dabei wird von getrennten weiblichen beziehungsweise männlichen Charaktereigenschaften ausgegangen. Frauen sind so und so, Männer eben anders! Es ist nicht leicht, an diesen Grundvorstellungen der Verhaltensmuster zu rütteln, da sie im Unbewussten verborgen liegen und eine lange Tradition besitzen. Was „schon immer" so gemacht wurde, wird weiterhin so gemacht. Das ist einfacher, als sich an Neuerungen zu gewöhnen.

Es geht um das Verhalten, das Denken und Fühlen der Menschen! Wer hier Veränderungen durchsetzen möchte, sollte über die gesellschaftlichen Zusammenhänge aufklären. Männer und Frauen beziehungsweise noch *viel mehr* Menschen sollten von dem erfahren, was die gesellschaftliche Durchsetzung der Gleichberechtigung verhindert. Wir dürfen uns dabei aber nicht als Außenstehende betrachten. Es geht auch und vor allem um unser Denken, Fühlen und Verhalten! Es geht um uns! Sie, liebe Leserin oder lieber Leser, sollten noch mehr an sich selbst erkennen und von sich selbst erfahren, um den bestehenden Schwierigkeiten entgegentreten zu können.

Es geht um die Fragen: *Warum nehmen wir die geschlechtsbezogene Arbeits- und Rollenaufteilung an, und warum sind andersartige Gedanken nur so schwer umzusetzen? Warum wehren wir uns nicht gegen die (selbst-)zerstörerischen männlichen Wirtschafts- und Gesellschaftsstrukturen, sondern ordnen uns diesen unter und streben nach finanziellem Erfolg, auch wenn unsere Emotionalität dabei bis zur Unkenntlichkeit verkümmert?*

Weiblichkeit und Männlichkeit

Biologisch betrachtet existiert der Mensch entweder als weibliches oder männliches Wesen. Wir nehmen allgemein an, dass der Mensch sich deshalb auch speziell weiblich beziehungsweise männlich verhält. Dieser Standpunkt lässt vermuten, dass allein die geburtliche Festlegung des Geschlechts zu bestimmten Charaktereigenschaften und Denk- und Handlungsweisen führt. Ein Junge entwickelt sich automatisch zum typischen Mann und ein Mädchen zur typischen Frau! So will es die Natur! Ist dies wirklich so? Sind die typisch weiblichen oder männlichen Charaktereigenschaften einer Frau oder einem Mann angeboren?

Es stellt sich die Frage: Was ist angeboren, und was ist anerzogen? Auch heute lassen sich noch Relikte des einst „tierischen", instinkthaften Verhaltens unserer Vorfahren bei den Menschen wiederfinden. So lässt sich bei Jungen und Männern eine erhöhte Bereitschaft zu Aggressivität beobachten. Außerdem scheint bei ihnen das Bedürfnis zum „Sichaufspielen", „Sichdarstellen", vermehrt nachweisbar. Diese Verhaltensweisen können als Reste des Beschützerinstinkts und des Balzverhaltens gedeutet werden. Sie sind somit angeboren. In der Tierwelt ist die Versorgung der Jungen fast ausschließlich Sache der Weibchen – auch bei den „menschlichen Weibchen" ist der Umsorgerinstinkt noch nachweisbar. Somit lassen sich aus unserer tierischen Natur einige Charaktereigenschaften als weiblich oder männlich definieren. Doch diese Restbestände tierischer Instinkte bestimmen unser Verhalten nicht mehr sehr stark; sie sind verkümmert. Es handelt sich *nur* noch um natürliche *Anlagen*. Eine Anlage bedeutet kein *Muss*, sondern eine *Möglichkeit!* Neben diesen Anlagen sind auch noch andere Anlagen vorhanden. Eine Frau kann von ihren Anlagen her eher weibliche Charaktermerkmale entwickeln, *sie muss es aber nicht!*

In fast allen Bereichen der menschlichen Existenz haben wir uns über unsere tierische Basis hinaus entwickelt. Wir haben die meisten Instinkte evolutionär überholt. Nur bei der Geschlechterfrage hängen wir fest. Dies liegt an der Förderung geschlechtsspezifischer Muster durch die Umwelt. Die Erziehung und die Umwelt unterstützen die vorhandenen geschlechts-spezifischen (natürlichen) Relikte. Mädchen werden dazu gedrängt, doch ihre Püppchen zu umsorgen, und Jungen werden angehalten, sich zu messen. Da die Restinstinkte nun einmal noch da sind, wird das typisch Weibliche oder Männliche auch jeweils eher von Mädchen beziehungsweise Jungen angenommen. Hinzu kommt, dass Kinder durch Nachmachen Verhaltens-weisen annehmen. Durch unser – von Menschen fest-gelegtes – Gesellschaftssystem, welches Frauen noch immer in die zweite Reihe stellt sowie das System der Erziehung werden „natürliche" Anlagen unterstützt. Dies bedeutet aber, dass weibliches oder männliches Verhalten *nicht ausschließlich* „natürlich" ist! – Im Gegenteil, es ist zum großen Teil *anerzogen und abgeschaut! Dabei ist von besonderer Bedeutung, dass in der gesellschaftlichen Achtung Weiblichkeit weniger wert ist als Männlichkeit!*

Es gibt Menschen, die das Bedürfnis haben, ihr angeborenes Geschlecht zu wechseln. Die moderne Medizin hat eine solche Geschlechtsumwandlung möglich gemacht. Diese Menschen sind Beispiele dafür, dass das Leben auch sehr viel durch unbewusste Wahrnehmung und unbewusste Gefühle gesteuert wird. Es ist zu vermuten, dass diese Menschen in einer Umwelt aufgewachsen sind, die ihnen die Identifikation mit ihrem emotional empfundenen Geschlecht nicht ermöglicht. Sie leben deshalb in einer „inneren Gefühlswelt", die zu ihrem äußeren Erscheinungsbild gegensätzlich ist. Männer empfinden wie Frauen (es sollen), aber sie dürfen es nicht zeigen, da die Umwelt eben männliches Verhalten erwartet – oder umgekehrt. In unserer Gesellschaft ist es für solche Menschen manchmal zu schwer, ja unerträglich, mit ihrem angeborenen Geschlecht zu leben. In diesem Gegensatz entscheiden sie sich für eine Geschlechtsumwandlung. Diese Einschätzung legt folgende Vermutung nahe: Nicht jede Frau ist natürlicherweise weiblich, nicht jeder Mann ist automatisch männlich.

Ich habe beschrieben, dass es instinktbedingte *Merkmale* gibt, die als *Weiblichkeit* oder als *Männlichkeit* bezeichnet werden können. Diese Merkmale tragen aber nicht nur die jeweiligen Geschlechter, sondern *alle* Menschen in sich. Durch die Feststellung, dass Aggressivität vermehrt bei Männern anzutreffen ist, ist ja nicht gesagt, dass Frauen nicht auch ein Potenzial zur Aggressivität besitzen. In der Tierwelt sorgen auch die Männchen sehr oft für das leibliche Wohl der Nachkommen. Warum sollten Männer also ohne Versorgerinstinkt geboren werden? **Das, was wir als Weiblichkeit oder Männlichkeit definieren, ist letztlich beides in jedem Menschen angelegt!**

Dabei können die Merkmale jeweils mehr oder weniger stark ausgeprägt sein! Im Internet erhalten Sie unter den Schlagwörtern: „männlich weiblich denken" eine ganze Reihe von Internetseiten, auf denen Sie Ihr weibliches beziehungsweise männliches Denken testen können. Sehr bekannt ist der Test, der sich in dem Buch „Warum Männer nicht zuhören und Frauen schlecht einparken" von Allen und Barbara Pease befindet. Diesen finden Sie z.B. unter folgender Webadresse: http://people.physik.hu-berlin.de/~bastis/ignobilis/gehirntest.htm.

Zur Erläuterung der Auswertung des Tests, heißt es dort „WAS IHRE PUNKTZAHL VERRÄT

Die meisten Männer werden eine Punktzahl zwischen 0 und 180 erreichen, die meisten Frauen eine Punktzahl zwischen 150 und 300. Ein Gehirn, dessen Denken hauptsächlich durch "männliche" Eigenschaften gekennzeichnet ist, erreicht in der Regel weniger als 150 Punkte. Je weiter die Punktzahl auf 0 zustrebt, desto "männlicher" ist das Gehirn und desto höher wird vermutlich auch der Testosteronspiegel im Körper sein. Leute mit einem derartigen Gehirn verfügen normalerweise über logische, analytische und verbale Fähigkeiten und neigen zu diszipliniertem und gut organisiertem Verhalten. Je näher die erreichte Punktzahl bei 0 liegt, desto besser können diese Personen die Ergebnisse von statistischen Daten berechnen. Gefühle sind dabei eher nebensächlich. Der Minusbereich wird nur von extrem "männlich" orientierten Gehirnen erreicht. In diesen Fällen war der Embryo in seinen frühen Entwicklungsstadien möglicherweise großen Testosteronmengen ausgesetzt. Ein Gehirn, dessen Denken hauptsächlich durch "weibliche" Eigenschaften gekennzeichnet ist, erreicht in der Regel mehr als 180 Punkte. Je höher die Punktzahl, desto "weiblicher" die Orientierung des Gehirns und desto größer die Wahrscheinlichkeit, dass die betreffende Person über herausragende kreative und künstlerische Talente verfügt. Personen mit einem hauptsächlich "weiblich" orientierten Gehirn treffen die meisten Entscheidungen intuitiv, "aus dem Bauch heraus". Sie können Probleme gut mit Kreativität und Einfühlungsvermögen lösen. Ein Mann mit einer Punktzahl unter 0 und eine Frau mit einer über 300 haben Gehirne, die eine so grundverschiedene Orientierung aufweisen, dass sie wahrscheinlich nur eines gemeinsam haben, nämlich dass sie auf demselben Planeten leben."

Mein Testergebnis ist 155 – bin ich also eine eher männliche Frau? Hierzu heißt es weiter: „DIE ÜBERSCHNEIDUNG

Punktzahlen zwischen 150 und 180 deuten auf eine kompatible Denkweise für beide Geschlechter hin. Diese Personen legen keine eindeutig "weiblichen" oder "männlichen" Denkweisen an den Tag und lassen in der Regel eine Flexibilität in ihrem Denken erkennen, die überall dort von großem Vorteil sein kann, wo eine Gruppe auf die Lösung eines Problems hinarbeitet. Sie haben eine natürliche Veranlagung dafür, sowohl mit Frauen als auch mit Männern Freundschaft zu schließen."

Machen Sie den Test und finden Sie heraus, ob Ihr Gehirn eine eher männliche oder eher weibliche Orientierung aufweist. Bedenken Sie dabei, dass jedes menschliche Gehirn über weibliche als auch männliche Eigenschaften und Fähigkeiten verfügt. In den Köpfen der Menschen existiert jedoch das Bild einer typischen Frau beziehungsweise eines typischen Mannes. Diese Bilder haben unterschiedliche geschlechtsbezogene Erziehungsmuster geschaffen, die unsere Entwicklung, die Entfaltung unserer Anlagen beeinflussen. Die Anlagen, das Vorhandensein von weiblichen als auch männlichen Eigenschaften und Fähigkeiten in unserem Gehirn, sind die eine Seite. Wie diese Anlagen unterstützt und gefördert oder unterdrückt und verdrängt werden, ist die andere Seite.

Durch unsere Erziehung und unsere Umwelt sind wir wie Teig durch die Kuchenform geformt worden. Das ganze nennt sich in der Wissenschaftssprache „Sozialisation" (= Eingliederung in die Gesellschaft). Da wir nicht (beziehungsweise nur noch sehr gering) wie die Tiere durch Instinkte geleitet werden, müssen wir durch die Sozialisation alle Regeln und Normen erfahren. Neben den Anlagen wirken deshalb auch vielerlei äußere Gegebenheiten auf jede Persönlichkeit ein. Der Volksmund spricht davon, dass man in seine Aufgaben hineinwächst oder mit und an seinen Aufgaben wächst. Das heißt doch nichts anderes, als dass wir nicht als Berufs-, Karriere-, Hausfrau oder Mutter geboren werden, sondern erst in unsere jeweiligen Aufgaben hineinwachsen müssen. Hierbei sind die Entwicklungs- und Lebensbedingungen von Bedeutung.

So wie die Geburt in einem Armenviertel andere Lebensbedingungen schafft als die Geburt in einem Königshaus, so schafft die Geburt als Mädchen andere äußere Bedingungen als die Geburt als Junge.

Wir werden zu „weiblichen" Frauen gemacht

Ganz konkret betrachtet, lernen Kinder durch vier Faktoren ihr Verhalten: 1. durch das Verhalten anderer ihnen gegenüber, 2. durch Vorschriften, 3. durch Beobachtung und Nachahmung und 4. durch Wahrnehmung der Gefühlswelt ihrer Umgebung. Wir sollten uns daran erinnern, dass wir alle in unserer Kindheit durch diese Faktoren geprägt wurden.

Zu 1.: Schon der Umgang mit weiblichen und männlichen Säuglingen ist auf das erwartete Rollenverhalten gerichtet. Sogar Soziologen und Psychologen fällt es schwer, diese besonderen Verhaltensmuster zu isolieren und zu analysieren. Die Menschen verhalten sich – oft unbewusst – einem Mädchen gegenüber anders als einem Jungen gegenüber. Sicherlich fallen ihnen viele Beispiele hierzu ein! Wenn ein Junge weint, dann bekommt er zu hören: „Komm, stell dich nicht so an", oder „Du willst doch ein starker Mann sein" und dergleichen. Die Jungen werden in ihrer Entwicklung, durch die Erziehung, darauf abgerichtet, stark und dominant – also männlich – zu sein. Ein Junge darf nicht weinen, er darf nicht zimperlich sein usw. Wenn Mädchen einmal nicht abgeben wollen,

dann sagen viele: „Komm, du willst doch lieb sein!".
Mädchen werden bedrängt, doch zu teilen, fürsorglich
zu sein, sich um Geschwister zu kümmern usw. –
Mädchen sollen weiblich sein.

Die Gründe für das Verhalten der Erwachsenen
gegenüber den Kindern liegen schon sehr tief in den
einzelnen Erziehern. Hierzu ein Beispiel: Eine Frau
erzählte mir, sie würde ihre Söhne nicht geschlechtsspezifisch erziehen. Die rosa Hosen, die sie geschenkt
bekam, hat sie aber dunkelblau gefärbt. – Sie konnte
ihre Söhne einfach nicht in Rosa sehen! Unsere
Vorstellungen vom Geschlecht sitzen wirklich sehr tief!

Zu 2.: Im Erziehungsprozess wird das erwartete
Rollenverhalten durch Muss-, Soll- und Kann-
Vorschriften vermittelt: „Du musst Dich aber sauber
anziehen, du sollst Dich nicht mit anderen prügeln, du
kannst doch nicht wie ein Junge rumlaufen" usw. Wie
an diesen Beispielen schon deutlich wird, sind die
Vorschriften oft gezielt auf das Geschlecht bezogen.
Vieles von dem, was wir sollen, müssen oder können,
wird mit unserem Geschlecht begründet. „Du bist doch
ein Mädchen, also lass das!" So oder so ähnlich lauten
viele Formulierungen. Können Sie sich noch an solche
Mahnungen erinnern? Richten Sie vielleicht selbst
schon solche Sätze an Ihre Kinder? Das, was wir durch
solche Vorschriften gelernt haben, leben wir in unserem
späteren Leben auch entsprechend (auch wenn wir
manchmal darunter leiden!).

Zu 3.: Kinder orientieren sich auch stark an dem,
was ihnen vorgelebt wird, und an ihren gesammelten
Erfahrungen. Was wir früher gesehen und erlebt haben,
verwerten wir für unsere spätere eigene Situation. Die
engsten Personen und die nahe Umgebung sind dabei
besonders wichtig. Gerade die ersten Jahre sind für die
Entwicklung eines Kindes von Bedeutung. Alle Erfahrungen werden in verstärkter Weise wahrgenommen
und formen das erste Bild, die erste Vorstellung von der
Welt. Die ersten Züge der eigenständigen Persönlichkeit
eines Kindes finden ihre Basis in jenen ersten

kindlichen Bildern. Ein Kind deutscher Eltern wird in Deutschland sicherlich die deutsche Sprache und nicht Englisch sprechen. Ebenso wie die Sprache wird das Kind auch vorgelebte Rollenmuster annehmen. Ein Kind, dessen Mutter zuhause alle Arbeiten erledigt, wird „Mutter" in seinem Verständnis auch als „Hausfrau" definieren. Wenn es in einem Rollenspiel die Mutter spielt, wird es die alltägliche *Lebenssituation* der Mutter nachahmen. Ein Mädchen sieht seine Mutter und lernt, dass es selbst auch Mutter werden kann (und soll?). Der Vater, der den ganzen Tag einer außerhäuslichen Arbeit nachgeht, wird als „Geldverdiener" wahrgenommen und im Spiel entsprechend nachgeahmt.

Zu 4.: Neben Gehör, Sehsinn usw. besitzt der Mensch auch „Empfängerorgane" für Gefühle, für Empfindungen und Erwartungen seiner Umgebung. *Gefühle* werden oftmals nicht sinnlich wahrnehmbar geäußert, und trotzdem können wir sie empfinden. Gefühle gehören zum Leben, aber allzu oft glauben wir als Erwachsene, unsere Gefühle nicht offen ausleben zu können. Wir leben mit der Einschätzung, unsere „wahren" Gefühle würden der Erfüllung unserer Alltags- oder Berufspflichten im Weg stehen. Dies scheint ja auch wirklich so! Vielfach wird von Menschen in ihrem Arbeitsumfeld ausschließlich ein möglichst emotionsloses Funktionieren erwartet – also „überspielen" wir unsere Gefühle. Wir trauen uns nicht mehr, unsere Gefühle offen zu zeigen, aber wir hoffen dennoch, dass andere sie empfinden. Eigentlich eine recht widersinnige Gefühlswelt, die wir uns im Laufe unseres Lebens aneignen. Wobei sich ein fataler Kreislauf einstellt, der uns systematisch unserer Gefühlsfähigkeit beraubt. Hatten wir anfänglich vielleicht noch die Hoffnung, andere würden unsere nicht offen gezeigten Gefühle dennoch wahrnehmen, so geben wir diese Hoffnung irgendwann auf; die Enttäuschungen darüber, dass unsere wahren Gefühle nicht wahrgenommen werden, lassen diese Hoffnung absterben. Durch diesen Hoffnungsverlust „motiviert", *verlernen* wir zunehmend nicht nur die Äußerung, sondern auch die Wahrnehmung eigener Gefühle. Unsere „feinfühlige" Weiblichkeit unterliegt der in unserer Gesellschaft geforderten männlichen „Nüchternheit"!

Bei Kindern sieht dies anders aus. Kleinkinder können Gefühle sehr intensiv wahrnehmen. Sie besitzen eine besondere Wahrnehmungsfähigkeit, die erst später durch das Heranwachsen und durch ständige Kontrolle „abgestumpft" wird. Es gibt in meinen Augen kaum etwas Schlimmeres (Schläge, Missbrauch und dergleichen natürlich ausgeschlossen), als Kinder hinsichtlich gegebener Gefühle zu belügen. Wenn ein Kind spürt, dass ein Mitmensch traurig ist und deshalb fragt, was los ist, dann antworten Erwachsene, im gut gemeinten Interesse, das Kind nicht zu belasten, oftmals mit „Es ist nichts! Es geht mir gut!" Doch diese Lüge führt beim Kind zu Irritationen, da es nun denkt, etwas Falsches gefühlt zu haben. Das Kind denkt: „Ich habe etwas gefühlt und dachte, dass dies Traurigkeit ist. Aber ich habe gesagt bekommen, dass dies keine Traurigkeit ist. Mama, Papa oder wer auch immer hat gesagt, es geht ihr gut. Also war mein Empfinden falsch!" So verlernen Kinder, ihren Gefühlen zu vertrauen. Mein wohlmeinender Rat an dieser Stelle: Seien Sie Ihren Kindern gegenüber ehrlich, wenn es um Ihre Gefühle geht. Antworten Sie auf die Frage: „Ist was?" nicht mit „Nein", wenn Sie ärgerlich, traurig oder anders emotional gestimmt sind. Sie verpassen nicht nur eine Chance, sich und Ihre Gefühle zu erklären, Sie fördern damit auch das Abstumpfen emotionaler Empfindsamkeit – und dies nicht nur bei Ihrem Kind, sondern auch bei Ihnen! Dies gilt selbstverständlich auch auf den Partner bezogen!

Für Kinder ist nicht nur die mit Augen sichtbare und mit Ohren hörbare Welt, sondern auch die Gefühlswelt von großer Bedeutung. Ein Kind spürt sehr genau, ob es der Mutter gut geht oder nicht, ob sie mit ihrem Leben zufrieden ist oder nicht. Dabei ist zu beachten, dass sich nicht nur die kindliche Einschätzung des

Lebens an diesen wahrgenommenen Gefühlen orientiert. Solche Gefühle von Zufriedenheit oder Unzufriedenheit der Mutter bestimmen auch noch im Erwachsensein unser Verhalten. So manche Frau strebt heute in die (ausschließliche) Berufstätigkeit, da sie ihre unzufriedene Mutter als „Schreckensbild" in sich trägt. Leider können wir als erwachsene Menschen nicht immer nachvollziehen, wann, wo und wie wir im Laufe unseres Erwachsenwerdens beeinflusst wurden. Die Psychologie oder Psychotherapie ist deshalb heute eine gefragte Hilfe, um Einflussnahmen von außen in unserem Unbewussten aufzuspüren.

Am Ende unserer Kindheit, unserer grundlegenden Sozialisation, wird diese als „gelungen" bewertet, wenn wir uns als Erwachsene in die Gesellschaft und ihre Normen einfügen. Konkret bedeutet das: wenn das, was ich will und tue, weitgehend mit dem übereinstimmt, was von mir erwartet wird, dann war meine Sozialisation erfolgreich.

Was können wir heute, als erwachsene Frauen, aus den beschriebenen Zusammenhängen lernen? Kinder orientieren sich an dem, was sie sehen, erfahren, fühlen. *Wir alle waren einmal Kinder!* Unser Verhalten orientiert sich heute vielfach an unserer persönlichen, unbewussten „Auswertung" des in der Kindheit und Jugend Wahrgenommenen. Wir alle haben die Welt entsprechend unserer Umwelt aufgenommen, wobei die bestehende *Bevorzugung der Männer* und der *Männlichkeit* ein maßgeblicher Faktor war. Unsere Eltern, unsere Umgebung, die Schule, die Sprache – alles hat uns eine Unterordnung der Frau unter den Mann und eine Zweitrangigkeit der Weiblichkeit hinter der Männlichkeit vermittelt. Dies hat unsere Persönlichkeit geprägt. Unser persönliches Gesamtbild von der Welt ist ein Abbild des Patriarchats und männlich orientierter Wirtschaftsinteressen. Frauen wurden und werden in ihrer Sozialisation auf ihr weibliches Rollenbild „zugeschnitten", wobei diese Weiblichkeit als allenfalls familienrelevant, gesellschaftlich aber als irrelevant bis überflüssig erachtet wird. Dabei ist noch zu beachten, dass dieses Frauen- und Gesellschaftsbild vielfach von den Männern geformt wurde (siehe Geschichte!).

Entsprechend lassen sich die Ziele „weiblicher" Erziehung folgendermaßen zusammenfassen:

- wir sollen mehr abgeben, teilen, hilfsbereit sein;
- wir sollen „zartfühlend" und „aufopfernd" sein;
- wir sollen uns mit der Rolle als Ehefrau beziehungsweise Partnerin und/oder Mutter identifizieren;
- als Ehefrau/Partnerin und/oder Mutter sollen wir uns verantwortlich fühlen für alle Belange der anderen Familienmitglieder, wobei wir am besten keinerlei eigene Belange mehr empfinden sollen;
- wir sollen uns selbst zurücknehmen, damit wir diese Soll-Vorstellungen erfüllen können.

All diese Ziele lassen sich mit den Worten „Mütterlichkeit", „Weiblichkeit" zusammenfassen und beschreiben *aufopfernde Fürsorglichkeit.* Gegen Mütterlichkeit, Weiblichkeit oder Fürsorglichkeit ist allgemein eigentlich gar nichts einzuwenden. Im Gegenteil: Viele Feministinnen fordern ja gerade die Rückbesinnung auf weibliche Werte! Auch ich fordere diese Rückbesinnung! Würden Vorstände großer Wirtschaftsunternehmen ihre Fürsorgepflicht nicht nur gegenüber ihren Aktionärinnen, sondern auch gegenüber ihren Mitarbeitenden wahrnehmen, sähe vieles schon viel besser aus. Würde jede ihrer Fürsorgepflicht gegenüber ihren Mitmenschen und der Umwelt gerecht, würden wir in einer besseren Welt leben – vor allem dann, wenn die Menschen zuallererst ihrer Fürsorgepflicht für die eigene Person gerecht werden würden. Denn ausschließlich das völlig überzogene und deshalb falsch gedeutete Verständnis von Weiblichkeit, welches mit Selbstaufgabe, völliger Aufopferung und damit mit Unterdrückung des eigenen ICH einhergeht, ist strikt abzulehnen.

Nicht die Weiblichkeit ist das Übel, sondern das, was in unserer männlich orientierten Welt darunter verstanden wird, sowie die gesellschaftliche Bewertung von Weiblichkeit. Weiblichkeit wurde und wird als Schwäche dargestellt. Für eine „Gesellschaft der Stärke" erscheint Schwäche als abzulehnende Eigenschaft. So konnte sich Weiblichkeit als angenommene Schwäche zusammen mit der verborgenen Forderung nach Selbstaufgabe zu einem negativen Attribut nicht nur für Frauen sondern für die Gesellschaft als Ganzes entwickeln! Weiblichkeit hat aber auch positive Aspekte, die uns jedoch in unserer Erziehung leider nicht vermittelt wurden und auch heute noch weitestgehend nicht vermittelt werden. Wohlwollende Fürsorge ist als Grundhaltung im Leben positiv – unsere Vorstellung von Weiblichkeit ist jedoch weitestgehend negativ belastet. Nur deshalb konnte es zu folgenden (beispielhaften) Grundhaltungen kommen, die uns in der Zeit unseres Heranwachsens beeinflusst haben:

- Der Mann ist stark, hat Durchsetzungsvermögen, geht (außer Haus) arbeiten, darf sich mehr erlauben, ist schlauer in Physik und Mathe usw. (Dabei wird den Frauen noch eingeredet: So wünschen sich die Frauen die Männer!? Ich glaube das nicht!)

- Die Frau ist sanftmütig, schwach, möchte beschützt werden, kann eher Krankenschwester als Physikerin werden; letztlich will sie doch nur Mann und Kind usw. (So wünschen sich die Männer die Frauen!/ohne Fragezeichen! – denn das kann ich mir gut vorstellen!)

Wie empfinden Sie dies? Für mich gilt: Wer dies glaubt, hat die von der Gesellschaft vorgegebenen Normen und sozialen Bedingungen gut aufgenommen = sie/er ist erfolgreich sozialisiert!

Wie sehr wir – trotz Emanzipationsbewegung – diese Grundhaltungen vielfach angenommen haben, lässt sich z.B. an der unterschiedlichen Körperhaltung von Frauen und Männern belegen: Männer machen sich meist dominant breit, Frauen dagegen eher klein und schmal. Männer stehen oder sitzen oft breitbeinig, das lässt sie größer und stärker erscheinen. Frauen stehen oder sitzen dagegen meist mit keusch geschlossenen Beinen, wodurch sie zart, ja fast zerbrechlich erscheinen. Sicher ist Ihnen das auch schon aufgefallen.

Vieles hat sich – von außen betrachtet – in unserem Rollenverständnis schon verändert. Es gibt Frauen in machtvollen Positionen, viele Frauen sind erwerbstätig. Dennoch herrscht in unserem Bewusstsein meist noch immer das veraltete Rollenbild. Das moderne Rollenverhalten ist noch nicht tief in unser Bewusstsein gedrungen. Deshalb kommt es zu unstimmigen Gefühlen z.B. bezüglich der Körperhaltung: So werden Männer, die sich schmal machen (sich nicht breitbeinig hinstellen), als unsicher oder „doof" empfunden, während eine breite Haltung bei Frauen als Zeichen „sexueller Verfügbarkeit" (miss)gedeutet wird.

Wir sollten unser Bewusstsein den neuen, teilweise schon gelebten Rollenvorstellungen anpassen. Sicherlich wird dann auch das neue Rollengefüge noch weitreichendere und beständigere Folgen haben. Unsere patriarchale Gesellschaftsform hat diese Geschlechter trennenden Normen geprägt, verfeinert und immer wieder an die nächste Generation weitergegeben. Auch wenn Frauen inzwischen in die Arbeitswelt integriert sind, so werden von vielen Menschen die strikt getrennten Mann-Frau-Normen noch immer als „natürlich" angesehen und nicht hinreichend hinterfragt. Das sollten wir aber!

Das neue Bewusstsein – befreite Persönlichkeit

Es geht mir darum, ein *neues Bewusstsein* zu fördern und zu festigen. Dieses Bewusstsein geht davon aus, dass ein Mensch „Weibliches" und „Männliches" in sich vereint. Frau und Mann sind in erster Linie Mensch. Durchsetzungsvermögen, Risikobereitschaft, Sanftmut und Schwäche sind Eigenschaften, die nicht prinzipiell geschlechtsspezifisch zuzuordnen sind. Grundsätzlich gibt es starke und schwache Menschen bei beiden Geschlechtern, genauso wie gute und böse. Ein Mensch kann so oder so sein. Frauen können „männlich" sein und Männer „weiblich". Wenn die meisten Menschen dennoch, entsprechend ihrem Geschlecht, eher weiblich oder männlich sind, so lässt sich daraus noch lange nicht das Recht auf Über- oder Unterordnung ableiten. Die dennoch vorhandene Rangordnung ist das Produkt männlich orientierter Wirtschafts- und Sozialstrukturen und bedarf dringend einer Auflösung – zum Wohle der Menschen und der Gesellschaft.

Die Festlegung der Geschlechter auf bestimmte Merkmale beeinflusst die Menschen ja nicht nur durch Erziehung und Sozialisation, sondern bestimmt den Verlauf des Lebens; „Allein durch das Geschlecht ist vorbestimmt, ob ein Mensch zur Haus- oder Erwerbstätigkeit geeignet ist. Die Arbeitsteilung ist notwendig, und weil die Frauen die Kinder bekommen, ist es auch nur natürlich, dass sie zu Hause bleiben!" So wird es uns erklärt! Ich hoffe, es ist deutlich geworden, dass dies völlig unbegründet ist. Es ist nicht natürlich und notwendig, dass ausschließlich oder vornehmlich Frauen die Hausarbeit verrichten. Sie sind nur von den Männern dazu „auserwählt" worden. Um an dieser Situation etwas zu ändern, sollen und müssen die strikten Frau-Mann-Definitionen im Bewusstsein der Menschen aufgehoben werden! Erst dann kann der Freiraum entstehen, der jedem Menschen das Ausleben seiner Weiblichkeit und Männlichkeit ermöglicht. In Folge dieser freien Entfaltung werden beide Geschlechter für mehr Weiblichkeit eintreten, so dass sich auch die wirtschaftlichen und gesellschaftlichen Rahmenbedingungen entsprechend anpassen – so zumindest meine Hoffnung!

Vielleicht fragen Sie sich jetzt, was die Erkenntnis von Weiblichkeit und Männlichkeit innerhalb der eigenen Persönlichkeit bringt? Zuerst möchte ich auf die persönliche Situation der einzelnen Frauen eingehen. Hier kann dieses neue Bewusstsein schon kurzfristig positive Veränderungen schaffen. Mir persönlich hat das Wissen um die Nicht-Natürlichkeit der typisch weiblichen Frau die Freiheit gebracht, mein schlechtes Gewissen abzulegen. Ich habe immer gedacht, ich sei eine besonders egoistische Mutter, weil ich nicht bereit war, mich aufzuopfern. Ich glaubte, eine „schlechte Frau" zu sein, da ich mich in meiner Hausfrauen-Phase einfach nicht mit den traditionellen Werten des Hausfrau-Seins identifizieren konnte. Inzwischen weiß ich, dass es einfach nicht in meiner Persönlichkeit liegt, so „vollkommen mütterlich" zu sein! Später wollte und konnte ich mich nicht mit den vorgegebenen konsumorientierten Werten identifizieren. Es liegt einfach nicht in meiner Persönlichkeit für Erfolg und Geld (ach so männlich) „über Leichen zu gehen". Ich bin, wie ich bin – und ich darf auch so sein! Ich habe *unter* all den Vorstellungen, wie eine Frau, Karriere- und/oder Familienfrau zu sein hat, wieder meine Persönlichkeit entdeckt! Ich habe erkannt, dass ich nicht so sein muss, wie es traditionelle Rollenbilder mir vorschreiben. Ich bin nicht „unnatürlich" oder „schlecht", nur weil ich nicht so sein kann (oder will), wie es vorgegebene Vorstellungen verlangen. Ohne mein schlechtes Gewissen macht es mir jetzt viel mehr Spaß, bewusst und mit Freude mein Leben zu gestalten. Eben ganz nach dem Maßstab *meiner* Person, nicht nach gesellschaftlichen Maßstäben. Die Erkenntnis, dass ich nicht so sein muss, wie es von mir erwartet wird, hat mich befreit. Sicherlich können auch Sie dies für sich nachvollziehen! Es gibt letztlich keine bindende und schon gar nicht eine „natürliche" Norm der Frau, der Familienfrau, der Mutter oder der Karrierefrau.

Wir sollten all unsere Vorstellungen über Bord werfen und uns selbst suchen. Haben Sie den Mut zu Ihrem ICH. Haben Sie Mut zu Ihrer Person, erinnern SIE sich Ihrer Persönlichkeit! Die Erkenntnis über die „auf-gesetzten" Rollenvorstellungen sollte Ihnen die Chance eröffnen, sich selbst zu suchen, zu erkennen, und zu leben. Kramen Sie verdrängte Freuden, Talente, Hobbies und dergleichen wieder aus. Es ist kein übertriebener Egoismus, wenn Sie, bei all Ihren sonstigen Verpflichtungen, auch an sich denken. Die Männer tun dies ja auch: trotz Familie! Die meisten Männer, und auch die meisten erwerbstätigen Frauen, erachten ihren Beruf als „Existenzberechtigung". Sie arbeiten, um zu leben! Ihre Arbeit beziehungsweise ihr Verdienst gibt ihnen die Berechtigung, in der Freizeit nach ihren Bedürfnissen zu leben. Falls Sie zurzeit wegen Kind/ern nicht erwerbstätig sind: Auch jede Vollzeit-Hausfrau sollte ihre Tätigkeit als ihren Beruf sehen. Sie erbringen eine nachweislich „unbezahlbare" Leistung und sollten deshalb auch auf ihre Persönlichkeit pochen. Aber es ist ganz gleich, in welchem Lebensgefüge wir uns befinden – wir haben *immer* ein Recht darauf, unsere Persönlichkeit nach unseren Vorstellungen zu leben! Wir sollten unsere Persönlichkeit nicht wie einen Mantel an der Garderobe abgeben, nur weil sich unsere Lebensbedingungen irgendwie geändert haben! Kein Partner, keine neue Chefin, keine neue berufliche Aufgabe, keine Kinder haben das Recht, uns unserer Persönlichkeit zu berauben. Schon Erasmus von Rotterdam (1466 – 1536) sagte: „Die wesentliche Voraussetzung für dein Glück ist die Bereitschaft, der zu sein, der du bist." Für uns Frauen: Die wesentliche Voraussetzung für dein Glück ist die Bereitschaft, die zu sein, die du bist!

Aber die Chancen der Vorstellung von Weiblichkeit und Männlichkeit in *einem* Menschen liegen nicht nur auf persönlicher Ebene. Durch das dadurch mögliche Verständnis des Rollentauschs kann es auch zu Veränderungen der gesellschaftlichen Bedingungen kommen. Es kann nicht so bleiben, dass Frauen zwar zum Beispiel Politikerinnen werden, aber dies nur unter zwei möglichen Grundbedingungen: entweder sie verzichten gänzlich auf Kinder, oder sie lösen sich von ihrem „schlechten Gewissen" ihren Kindern gegenüber und leben ein Leben wie ihre männlichen Kollegen. In einem Vorabdruck zu ihrem Buch über deutsche Politikerinnen schreibt Cathrin Kahlweit (SZ vom 9./10.04.1994): „Der ganz überwiegende Teil der befragten Berufspolitikerinnen hat die Kinder nicht selbst großgezogen. Stattdessen waren sie bei Großeltern, Geschwistern, Haushälterinnen, in Internaten." Ich frage mich: Wo bleiben die Männer, die verantwortungsvollen Väter?? Weiter im Text: „Letztlich ist das vermutlich gar keine Überraschung, da anders ein solcher Beruf gar nicht möglich ist. Wer von Bonn zu einer Tagung nach Berlin, von Berlin zu einem Wochenende im Wahlkreis, vom Wahlkreis zum Parteitag nach Wiesbaden hetzt, wer morgens um fünf aufsteht, um Akten zu lesen und nachts im Zug auf dem Weg von einem Vortrag zurück nach Hause noch immer Akten liest, der hat keine Zeit, seinen Kindern eine Gutenachtgeschichte zu erzählen oder ihrem Mann das Essen zu machen." (Das Buch erschien unter dem Titel: Damenwahl. Politikerinnen in Deutschland, C.H. Beck Verlag 1994) Sicherlich ist diese Beschreibung zutreffend, aber hat sich schon einmal jemand Gedanken darüber gemacht, ob Herr Kohl (unser ehemaliger Bundeskanzler) seine Kinder oder gar seine Frau vernachlässigt hat? Es ist selbstverständlich, dass Politiker ihre treusorgende Gattin zuhause haben. Einen treusorgenden Mann kann frau aber nicht erwarten. Genau an diesem Punkt kann sich einiges ändern, wenn die Haustätigkeit als Beruf Anerkennung findet – und damit auch eine angemessene Bezahlung erhält. Wie bereits erwähnt, hat Deutschland weltweit die niedrigste Geburtenrate. In Deutschland leben inzwischen relativ wenige Frauen im gebärfähigen Alter, und von diesen entscheiden sich immer weniger, Kinder zu bekommen. Kinder sind in unserer karriere-, erfolgs- und leistungsorientierten Gesellschaft für immer mehr Menschen keine Option mehr – stellen sie doch inzwischen nicht mehr nur ein Karrierehemmnis, sondern gar ein Armutsrisiko dar! Wenn Kindererziehung (vormals Haustätigkeit) und Erwerbstätigkeit wirklich gleichwertig sind, dann muss diese Tätigkeit auch finanziell abgesichert werden. Dann werden sich auch wieder Menschen (Frauen wie Männer) finden, die zugunsten von Kindern auf klassische Erwerbstätigkeit (Voll- oder Teilzeit) verzichten. Um eine wirkliche Vereinbarkeit von Familien- und Erwerbsarbeit zu ermöglichen, genügt es nicht, Frauen ein Jahr lang finanziell abzusichern und ihnen ihren Arbeitsplatz zu sichern (= Regelung der Elternzeit). Hierzu muss deutlich werden, dass es bei den gegenwärtigen Problemen unserer Zeit nicht um Frauen oder Männer, sondern um „Weiblichkeit" beziehungsweise „Männlichkeit" geht. Das ist meine feste Überzeugung. Unsere Gesellschaft unterdrückt ja nicht nur die Frau, sondern mit ihr auch die „Weiblichkeit" und damit die Emotionalität. „Der Mensch ist kein reines Vernunftwesen, sondern ein auch stark durch seine Emotionen bestimmtes Wesen. Dort, wo in der westlich orientierten Welt dauerhaftes Glück in der Vorstellung der Menschen existiert, ist es allzu häufig an die Anhäufung von Geld oder an Gewinnmaximierung geknüpft. Die Anerkennung der nicht ausschließlichen Vernunftsteuerung bedingt eine Weigerung, sich weiter *ausschließlich* auf den Erfolgs- und Konsumdruck unserer Zeit zu reduzieren. Wenn sich immer mehr Menschen ihrer Scheuklappen entledigen und sich auf sich, ihr eigenes Wohlwollen, ihr Wohl-FÜHLEN-wollen und damit auf ihr persönliches Wachstum konzentrieren, dann kann dies zu einer Entwicklung zu mehr Bruttomenschheitsglück führen. Dann, wenn sich immer mehr Menschen für ein Gleichgewicht von Wirtschafts- und Humaninteressen einsetzen." (Aus meinem Buch: Glück ist Lebenslust. Erfüllt leben durch WohlFÜHLENwollen, S. 224) Die Tatkraft einer Gesellschaft ist von der Anzahl ihrer Personen und von der gelungenen Sozialisation dieser Personen abhängig. Gleichzeitig sind alle Menschen leistungsfähiger, wenn sie sich möglichst zufrieden fühlen. Zufriedenheit erscheint jedoch zunehmend nahezu unmöglich, weil sich immer mehr Menschen durch den gewachsenen Leistungs- und Erfolgsdruck in ihrem Leben fremd fühlen. Betrachten wir unsere Gesellschaftsstruktur unter dem Aspekt der Förderung von Männlichkeit (Vernunftorientierung) und der Unterdrückung von Weiblichkeit (Emotionalität), so tun sich die Blockaden der Emanzipationsbestrebungen ebenso auf wie die Aspekte der „Sich-Fremd-Werdung" in unserer Gesellschaft.

Emanzipation heißt, sich befreien!

An dieser Stelle möchte ich mich als eine ziemlich normale Durchschnittsfrau zum Thema *Gleichberechtigung* und *Emanzipation* zu Wort melden.

Ich habe das Gefühl, dass meine Gedanken zu diesem Thema eigentlich ganz schlüssig sind und auch von vielen Menschen ähnlich gedacht werden. Wenn Sie fragen, warum ich mich zu diesem Thema äußern möchte, dann fällt die Antwort leicht:

- erstens – wird vieles zu diesem Thema einfach falsch verstanden;
- zweitens – ist bei der sogenannten Emanzipation einiges falsch gelaufen, und
- drittens – wird die ganze „Bewegung" heute nicht mehr besonders wichtig genommen.

Darüber bin ich traurig und frustriert.

Das „falsche" Emanzipationsverständnis:

Heute sieht es doch so aus: Die meisten Menschen glauben, dass die Emanzipation nur eine Sache der Frauen sei. Die Frauen wollen sich selbst verwirklichen, und es scheint, als wäre diese Selbstverwirklichung ausschließlich im Beruf möglich. Dieses Verständnis von Emanzipation hat zu einem besonderen Dilemma für die Frauen geführt. Es besteht die Vorstellung: Jede Frau muss einen Beruf ausüben, erst dann hat sie sich selbst verwirklicht! Das ist absurd und falsch! Mit einer notwendigen Gleichstellung von Weiblichkeit und Männlichkeit wird Emanzipation zudem überhaupt nicht verbunden.

Was die Männer betrifft, so wollten und wollen sie von Emanzipation *nur wenig oder gar nichts wissen* (Wer Vorteile genießt, möchte diese natürlich nicht gerne abtreten.) Sicherlich liegt dies auch an den Frauen, die

die Emanzipation vorantreiben wollen. Wenn man unter dem Stichwort *„Emanze"* im Wörterbuch (Mackensen, 1986) nachschlägt, dann steht da: *„aufdringlich* nach Gleichberechtigung strebende Frau". Wer sich manchmal die Kommentare der Männer anhört, kann zu dem Schluss kommen, eine „Emanze" sei eine Frau, die Männer „beißt"! Diese Sorte Frauen machen den Männern Angst.

Aber nicht nur Männer, sondern auch viele Frauen wollen mit „solchen" Frauen nichts zu tun haben. Es ist mir schon oft aufgefallen, wie Frauen, bevor sie sich zur Gleichberechtigung äußern, sagen: „Ich bin aber keine Emanze!" Es scheint für „normale" Frauen wichtig, zu betonen, dass sie „keine Emanze" sind. (Auch ich habe dies in meinen einleitenden Sätzen zu diesem Kapitel getan!) Wovor haben diese Frauen Angst? – Oder glauben sie, dass sie als „Emanze" nicht ernst genommen werden?

Sicherlich trägt diese Trennung von Emanze und Normalfrau dazu bei, dass die Gleichberechtigung zurzeit nicht mehr so ernst genommen wird. (Ich wage sogar die Behauptung, dass die Emanzipationsbestrebungen rückläufig sind – wobei der Anschein erweckt wird, dass die Emanzipation ja weitestgehend umgesetzt und *dieses* Thema deshalb nicht mehr so wichtig sei! 64% der Männer meinen: Die Gleichberechtigung der Frauen in Deutschland ist erreicht. 28% finden sogar, dass mit der Gleichberechtigung übertrieben wird – so die Studie des Instituts für Demoskopie Allensbach 2013). Die Trennung von Emanze und Normalfrau scheint zudem den Eindruck zu vermitteln, dass Emanzipation nicht alle angeht, sondern nur eine Idee von „verrückten Emanzen" ist. Deshalb glauben viele „Normalfrauen", dass die Selbstverwirklichung ausschließlich etwas für die Frauen ist, die es sich leisten können. – *An der Durchschnittsfrau geht die Emanzipation vorbei!* Dies sollte aber nicht so sein! Emanzipation geht uns alle an, alle Frauen und auch alle Männer.

Nicht nur die Frauen sollten sich mit den veränderten Rollenvorstellungen auseinandersetzen. Auch die Männer sollten über ihre Rolle nachdenken, damit sich die derzeitige Situation auch in den Partnerschaften verändern kann. *Die Geschlechterrollen sind im Ungleichgewicht,* und das ist ein wichtiger Aspekt unserer derzeitigen katastrophalen Situation: Frauen festigen ihren Stellenwert in der Berufswelt, aber wie steht es mit den Männern? Sie kommen nur sehr zögerlich (um nicht zu sagen: kaum bis gar nicht) ihren Hausarbeitspflichten nach. Dies muss zu Konflikten in den Partnerschaften führen. Die partnerschaftlichen Rollenerwartungen sind heute nicht mehr eindeutig. Frauen sehen den Mann nicht mehr nur als „Ernährer". Männer sollen auch sanft oder „weiblich" sein und Hilfestellung im Haushalt leisten. Im Gegenzug erwarten Männer von Frauen heute mehr als die Fähigkeit, einen Haushalt zu führen. Frauen sollen intelligent, selbstbewusst und den Männern ebenbürtig sein. Doch diese gegenseitigen Rollenerwartungen zerplatzen wie Seifenblasen, wenn die Partnerschaft sich um die Kinder erweitert. Plötzlich sind wieder alte Rollenvorstellungen aktuell (häufig mehr bei den Männern als bei den Frauen) – der Konflikt ist vorprogrammiert! Gerade wegen diesen Auswirkungen auf die Partnerschaften genügt es nicht, wenn nur Frauen sich emanzipieren und für ihre männliche Seite eintreten. Neben den Frauen haben auch die Männer die Pflicht, für die Bedürfnisse der weiblichen Seite in sich zu kämpfen. Männer, die ihre Kinder erziehen wollen und deshalb eine Halbtagsstelle antreten möchten, haben es genauso schwer wie Frauen, die neben Kindern auch erwerbstätig sein wollen. Deshalb müssten sich diese Männer eigentlich genauso nach ihrer (kinderorientierten) Selbstverwirklichung sehnen wie die Frauen. Viele Männer wollen doch heute auch anders sein als sie sein sollen (Softi-Welle, der „weibliche" Mann). Dieses als Emanzipationsbedürfnis zu erkennen, setzt aber ein anderes Verständnis von

Emanzipation voraus! Zu diesem neuen Verständnis möchte ich Sie führen. Denn hier liegt eine Basis für das gemeinsame Eintreten beider Geschlechter für umfassende Emanzipation, welche auch die gesellschaftliche und wirtschaftliche Gleichstellung von Weiblichkeit und Männlichkeit fordert.

Emanzipation bedeutet in der wörtlichen Übersetzung: Freilassung, Befreiung von Bevormundung. *Emanzipation heißt, sich befreien!* Es bedeutet nicht nur, sich von der Unterdrückung durch den Mann zu befreien. Es schließt auch das Sichfreimachen von Konventionen, von gesellschaftlichen Einengungen mit ein. Frauen wie Männer wurden jahrhundertelang in Regeln erzogen, die von einer scharfen *Trennung der Geschlechter und entsprechender geschlechtlicher Merkmale* ausgingen. Jahrhundertelang wurden dadurch die Lebensläufe der Menschen vorbestimmt. Wenn heute die Frauen und die Männer andere Lebensmuster leben möchten, dann sollten sie gemeinsam dafür eintreten. Beide Geschlechter sollten sich von den althergebrachten Konventionen befreien. Beide Geschlechter sollten sich emanzipieren! Die Persönlichkeit eines Menschen vereint „Weibliches" und „Männliches". Erst wenn sich jeder Mensch, unabhängig von seinem Geschlecht, entsprechend seiner Anlagen eher „weiblich" oder eher „männlich" entwickeln kann, ist Gleichberechtigung möglich!

Die Emanzipationsbewegung kann und sollte deshalb der Vorstellung des aggressiven, unfriedfertigen Mannes nicht die nicht-aggressive, friedfertige Frau entgegenstellen. Ich glaube nicht daran, dass unsere Welt natürlicher und mit mehr Liebe erfüllt wäre, wenn ausschließlich Frauen über die Weltgeschicke bestimmen könnten (dies behaupten einige Feministinnen). Um unsere Welt steht es nicht so schlecht, weil sie von Männern beherrscht wird, sondern deshalb, weil diese Männer ihre weiblichen Eigenschaften verdrängen mussten (genauso wie Frauen in höheren Positionen vielfach ihrer weiblichen Eigenschaften „beraubt" werden). Emanzipation sollte deshalb nicht so einseitig auf die Gleichberechtigung der Geschlechter, auf die Gleichberechtigung von Frauen und Männern in der Arbeitswelt beschränkt betrachtet werden. Es sollte vielmehr um die gesellschaftliche und wirtschaftliche Gleichberechtigung von Weiblichkeit und Männlichkeit gehen. Die ausschließlich vernunftorientierte Männlichkeit in der Wirtschaft hat zu teilweise verheerenden Strukturen geführt. Diese Zerstören zunehmend die Lebensgrundlagen der Menschheit auf dieser Erde und erschweren die persönlichen Lebensumstände der einzelnen Menschen. Die Menschen und ihre Umwelt, die Natur und die einzige Erde, auf der der Mensch existieren kann, werden *ausschließlich* als Rohstofflager für einseitig ausgerichtete Wirtschaftsinteressen und Gewinnmaximierung gewertet. Doch diese ausschließliche Bewertung der Welt und der Menschen als Rohstoff-ressource führt zu Umweltzerstörung und damit – auf Dauer – zur menschlichen Selbstvernichtung. Jeder einzelne Mensch sollte sich ebenso ganzheitlich betrachten wie die Welt und alles Leben auf ihr. Jeder Mensch ist ein ganzheitlich zu bewertendes Wesen, welches nicht ausschließlich vernunftorientiert ist, sondern auch seiner Emotionalität gerecht werden sollte. Es ist Zeit für einen Wandel, der bei jeder und jedem Einzelnen beginnen sollte.

Weiblichkeitsfeindliche Strukturen

Unsere Gesellschaft verlangt, dass die Frau die Merkmale ihrer Männlichkeit verdrängt, um besonders weiblich zu erscheinen und umgekehrt. Heute wundern sich manche Menschen über Frauen in gehobenen Positionen. Es wird dann gesagt: „Die ist wie ein Mann". So manche Feministin sträubt sich dagegen, dass Geschlechtsgenossinnen auf Chefinnensesseln ihre sogenannte Weiblichkeit verlieren. Diese Einschätzung rührt aus dem getrennten Geschlechterbild!

Die *Strukturen* unserer Gesellschaft erlauben es einem Menschen unter bestimmten Bedingungen, zu Spitzenpositionen zu gelangen. Erfolgreich ist, wer Durchsetzungsvermögen hat, wer kämpferisch ist, wer rücksichtslos ist, wer „männlich" ist! Erfolgreich sind die Menschen, die ihre männlichen Eigenschaften stärker ausgeprägt haben als ihre weiblichen. Diese Menschen können auch weiblichen Geschlechts sein. Dabei gilt es prinzipiell zu hinterfragen, was als Erfolg erachtet wird: „Die meisten Menschen unserer Kultur erliegen den Täuschungen durch die Gesellschaft, die dafür sorgen, dass sich ihr Leben nur noch auf Konsum und Geld konzentriert. Dabei sind die Menschen auch noch davon überzeugt, dass dies den wahren Lebensgenuss verspricht. Dieser Verblendung bin ich selbst nie bewusst erlegen. Dennoch habe ich mir die nervlichen Zähne daran ausgebissen, dem Erfolgsdruck meiner Umgebung gerecht zu werden. Seit ich mich davon distanziert habe und ich mir klar geworden bin, wo meine Erfolge liegen, lebe ich freier. Das Leben, mein Leben, so wie ich es gelebt habe, bietet viele Möglichkeiten, von Erfolg zu sprechen – auch wenn dies mein Kontostand nicht widerspiegelt. *Erfolg ist, seine Anlagen und Fähigkeiten zur eigenen Zufriedenheit optimal zu nutzen.* Dabei definiert jeder Mensch selbst, wie und wodurch er oder sie zufrieden wird. Seit mir dies in seiner vollen Dimension klar geworden ist, bin ich aus der Schraubzwinge unserer gesellschaftlichen Vorgaben befreit. Erfolgsdruck und Konsumzwang wirken wie eine Droge der modernen Zeit und verändern die Wahrnehmung der Welt und des Lebens. Letztlich scheinen sie sogar die Psyche zu verändern – und dies nicht zum Guten! Nur so lässt sich erklären, warum gerade in der westlichen Welt die psychische Erkrankung der Depression sowie Angststörungen so zunehmen." (aus: Glück ist Lebenslust, S. 163).

Die *weiblichkeitsfeindlichen Strukturen* sind es, die eine Frau zum Mann werden und immer mehr Menschen an ihrem eigenen Leben verzweifeln lassen.

Wenn wir wollen, dass nicht nur Frauen, sondern auch „Weiblichkeit" in die gehobenen Positionen und wirtschaftliche sowie gesellschaftliche Strukturen Einzug hält, *dann sollten wir diese weiblichkeitsfeindlichen Strukturen ändern.*

Doch diese Forderung stößt leider auf folgende Schwierigkeit: Die Gesellschaft und somit die Menschen haben im Laufe der Geschichte unser Rollen- und Wirtschaftssystem entwickelt und geformt. Die Männer, die alle Fäden in ihren Händen hielten, haben dabei natürlich peinlichst darauf geachtet, dass ihr Geschlecht genügend berücksichtigt wurde. Wie wir alle wissen, liegt bei uns die Macht in den Händen der Männer – auch wenn immer mehr Frauen an der Spitze unserer politischen Gesellschaftsstruktur mitmischen. Die Wirtschaft, die weitaus mehr Macht besitzt als die Politik, ist dennoch männlich dominiert. Deshalb fällt es den Männern natürlich viel leichter, ihre traditionelle Rolle anzunehmen, als den Frauen. Es ist leichter, eine übergeordnete Position anzunehmen, als sich einer solchen unterzuordnen. Die Vorstellung, *Macht ausüben* zu können, ist dabei ein besonderer Anreiz. Zumal sich unsere Gesellschaft an Machtpositionen orientiert. Sicherlich gibt es Männer, die mit ihrer Rolle unzufrieden sind. Da es gesellschaftlich gesehen aber eine recht angenehme Rolle ist, sehen sich die meisten Männer gar nicht erst genötigt, über ihre Situation nachzudenken oder sie gar zu verurteilen. In ihrer Rolle haben sie auch mehr Möglichkeiten, ihre Bedürfnisse zu berücksichtigen. Warum sollten sie ihre Situation kritisieren und zu verändern suchen?

Es ist einleuchtend, dass sich Frauen nach Gleichberechtigung sehnen. Hierdurch könnten sie auf persönlicher Ebene an Selbstbewusstsein und auf gesellschaftlicher Ebene an Einflussmöglichkeiten gewinnen. Dies bedeutet aber auch, dass die Männer Einfluss und Macht abgeben müssen (oder dürfen). Die Angst vor etwaigem Machtverlust ist sicherlich der (oft unbewusste) Grund für die schleppende Durchsetzung der Ziele der Emanzipationsbewegung. Die Emanzipation sollte aber nicht als Ergreifung dieser abgegebenen Macht missverstanden werden. Es sollte nicht um einen Rollentausch im Sinne von Machttausch, sondern um ein gleichberechtigtes Miteinander gehen. Es sollte letztlich um ein Gleichgewicht von Wirtschafts- und Humaninteressen gehen. Vielleicht sollten wir Frauen den Männern die Angst vor dem vermeintlichen Machtverlust nehmen. Wir sollten ihnen deutlich machen, dass auch sie etwas Unermessliches gewinnen. Sie gewinnen die Freude an ihrem eigenen selbstbewussten Leben, sie gewinnen das Glück am Erleben ihrer Kinder, und sie gewinnen ein Leben *mit* der Familie. Das negative Gefühl, dass sie ausschließlich *für* die Familie arbeiten, würde entfallen. Das klingt vielleicht etwas pathetisch, aber was ist Erfolg, Karriere oder Geld schon gegen das, was im Wettlauf mit der Erfolgs- und Konsumorientierung alles verloren geht? (hierzu mehr in meinem Buch: Glück ist Lebenslust. Erfüllt leben durch WohlFÜHLENwollen).

Aber nicht nur jeder einzelne Mann kann dazugewinnen. Auch die Gesellschaft, ja vielleicht sogar die ganze Welt, kann davon profitieren. Wenn Macht, Erfolg, Geld und Konsum (sogenannte männliche Lebensaspekte) nicht mehr als die wichtigsten Lebensziele anerkannt sind, werden sich lebenserhaltende Gedanken zum Schutz des Lebens, zur Ökologie, zum Umweltschutz usw. (sogenannte weibliche Lebensaspekte) eher durchsetzen lassen. Wenn nicht nur einzelne Frauen, sondern auch Weiblichkeit in Wirtschaft und Politik mitregiert, dann sind solche Veränderungen denkbar.

Die Chance der Frauen

Der Grund für das Patriarchat liegt in der geschichtlichen Tatsache, die den Mann irgendwann an den Punkt brachte, wo er seine Chance sah. Seine Chance, die Frauen zu unterdrücken. Nachweislich bildete sich das vorherrschende patriarchale System schon lange vor unserer Zeitenwende (etwa 3000 vor unserer Zeitrechnung). Seit dieser Zeit richtet sich die Erziehung auf den Erhalt dieses Systems: *Erziehung und Sozialisation gewährleisten den Erhalt der gesellschaftlichen Rollenvorstellungen.* Dies ist eine wesentliche Erkenntnis, um Änderungen herbeizuführen. Diese Erkenntnis ist die Chance der Frauen, denn wer erzieht (noch immer) die nächste Generation? *WIR!* (als Mütter, Erzieherinnen, Lehrerinnen) Das rein männlich orientierte Weltgefüge hat uns an den Rand des Untergangs gebracht: Umweltzerstörung, Klimawandel, Wirtschaftskrisen. Wir sollten ein neues Bewusstsein finden und unsere Kinder in einer entsprechend anderen Weise erziehen. Veränderungen, wie die *umfassende* Gleichberechtigung, die auch eine Gleichwertigkeit von Wirtschafts- und Humaninteressen nach sich ziehen würde, benötigen hartnäckige Bewusstseinsarbeit, auch über Generationen hinweg. Wir, die wir unsere Kinder erziehen, sollten die neuen Vorstellungen auch unseren Kindern weitergeben. Dabei treten natürlich vielerlei Schwierigkeiten auf: In einer Familie mit typischer Rollenaufteilung kann eine Mutter ihren Kindern nur schwer beibringen, dass eine Frau auch andere Qualitäten hat als die Fähigkeiten zum Kochen, Putzen und Wäsche waschen. Bei einem Gespräch wurde mir folgende Situation geschildert: Eine Hausfrau und Mutter wollte ihre Söhne dazu anhalten, dass diese ihre Schwester doch mitspielen lassen. Als Antwort bekam sie von einem der Söhne: „Ach ja, die kann dann für uns kochen und putzen!". Die Mutter war nicht schlecht überrascht über diese strikte Rollenzuteilung und fragte, was sie wohl verkehrt gemacht habe. Nichts! Kinder orientieren sich eben an dem, was ihnen vorgelebt wird. Es ist nicht einfach, im Erziehungsprozess dem Vorgelebten entgegen zu wirken. Als Vollzeit-Hausfrau sollten Frauen deutlich machen, dass ihre Tätigkeit wertvoll ist.

Sie sollten ebenso darauf hinweisen, dass es auch erwerbstätige Frauen gibt. Uns begegnen doch viele Frauen im Beruf, die wir unseren Kindern zeigen können: Busfahrerinnen, Ärztinnen, Anwältinnen usw. Wir sollten verdeutlichen, dass es nicht überall so sein muss, wie es die Kinder in ihrer Familie erleben. Die Kinder in Haushalten mit klassischer Rollenaufteilung sollten erfahren, dass ihre Familiensituation nur ein Muster unter vielen (möglichen) darstellt. Sie sollten erkennen lernen, dass sie selbst später durchaus ein anderes Muster leben können. Meine älteste Tochter fragte mich einmal, warum sie eigentlich zur Schule gehen müsse, wo sie doch später eh nur zuhause ihre Kinder und ihren Haushalt versorgen würde. Ich habe ihr entgegnet, dass mir mein erworbenes Wissen als Mutter und (damals noch Nur-)Hausfrau sehr viel nützt: „Wie sollte ich sonst all die Fragen beantworten, die Du mir stellst, wie sollte ich Dir die Dinge erklären, die Du wissen möchtest, wenn ich es nicht einmal in der Schule gelernt hätte. Außerdem kann ich die Dinge, die ich nicht weiß, nachlesen, weil ich lesen kann." Das klingt vielleicht banal, ist es aber nicht! Außerdem habe ich meiner Tochter gesagt, dass sie doch jetzt noch nicht wissen könne, was sie später macht: „Vielleicht möchtest Du mal Polizistin werden, oder Briefträgerin, oder Ärztin. Für all diese Berufe musst Du viel wissen, und deshalb musst Du jetzt zur Schule gehen." Ich hoffe, Sie erkennen, mit welch einfachen Mitteln wir auf den Wert unseres Tuns aufmerksam machen können.

Wir Frauen sollten, entsprechend der Vorstellung der Austauschbarkeit der Geschlechterrollen, die Kinder „geschlechtsneutral" zu erziehen suchen. Dies ist sicherlich ein schwieriges Vorhaben. Bei Mädchen und Jungen sollten Weibliches und Männliches gleichermaßen gefördert werden. Mädchen sollten auch auf Bäume klettern dürfen, und Jungen sollten auch zum Spülen und Kochen angeleitet werden. Damit allein ist es aber sicherlich nicht getan! Ich weiß aus eigener Erfahrung, wie schwierig es ist, die Rollenvorstellungen abzulegen. Gerade bei Jungen kommt ja noch die besondere Mutter-Sohn-Beziehung hinzu. Wir Mütter sollten ganz ernsthaft mit uns selbst ins Gericht gehen und die „Verhätschelung" unserer Söhne endlich ablegen – sonst ziehen wir selbst die nächste Generation von „Machos" heran! Probieren wir's. Es ist den Versuch wert! Selbst, wenn es nicht klappen sollte, dass sich beide Geschlechter wirklich gleich entwickeln, so sollten wir doch wenigstens dafür sorgen, dass unsere Kinder unsere Tätigkeit im Haushalt anerkennen. Wir sollten unseren Kindern beibringen, dass die Tätigkeit im Haushalt und als Mutter anerkennenswert ist. Auch und gerade dann, wenn wir in Teil- oder Vollzeit erwerbstätig sind!

Diese auf die Kinder bezogenen Verhaltensänderungen gelten auch für den eigenen Partner. Nur wenn wir bei unseren Partnern auf Anerkennung pochen, können wir auf gesellschaftliche Resonanz hoffen. Viele Frauen sehen (oft unbewusst) in ihren Männern ein weiteres zu versorgendes Kind. Sie verhalten sich ihrem Partner gegenüber fast so „mütterlich" wie gegenüber ihrem „überversorgten" Sohn. Ein solches Verhalten trägt natürlich nicht gerade zum gleichberechtigten Rollenverständnis bei. Häufig führt die stillschweigende Hinnahme des „selbstverständlichen" Macker-Verhaltens des Partners dazu, dass die Söhne meinen, sie dürften sich genauso verhalten. Die Männer (und in seltenen Fällen die Frauen von Hausmännern) sollten endlich erkennen, was es bedeutet, Hausfrau und Mutter zu sein – sie sollten erkennen, „was sie an uns haben". Am deutlichsten beweisen sie ihr Verständnis, wenn sie sich selbst auch an der Hausarbeit beteiligen. Meist setzt sich die Rollenaufteilung bei der notwendigen Hausarbeit fort. Frauen kochen, putzen, waschen, bügeln, während die Männer das „Grobe" erledigen und einkaufen, rasenmähen und handwerkliche Arbeiten übernehmen. Dabei arbeiten Frauen vielfach noch weit in den Abend hinein, während sich der Herr Gemahl beziehungsweise der nicht angetraute Partner schon die Sportschau ansieht. Mit dem Argument: „Ich arbeite ja den ganzen Tag!" wird auf das hieraus vermeintlich erwachsende Recht gepocht, den Abend frei zu haben. Ich finde, egal ob eine Frau ganz oder teilweise Hausfrau ist, ab dem Zeitpunkt, an dem der Partner den Haushalt betritt, sollten die noch anfallenden Arbeiten gerecht geteilt wahrgenommen werden. Keine Frau macht sich „'nen faulen Lenz", während der Partner seiner Erwerbsarbeit nachgeht. Jede Frau hat in der Regel genauso lang gearbeitet wie der Partner, wenn er nach Hause kommt – vielfach zwar unbezahlt, aber deshalb nicht weniger Kräfte zehrend!

Außerdem sollten wir Frauen unser Umfeld immer wieder darauf aufmerksam machen, dass wir Mütter auch andere Dinge in unserem Leben verwirklichen – wir leben auch unsere Persönlichkeit, unser Frau-Sein (wir sollten es!). Wir sollten lernen, selbstbewusst für unsere Bedürfnisse einzutreten (hierzu mehr ab Seite 134ff)

Achtung! Achtung! Hier spricht eine FRAU!

Es gibt sie wirklich!

DIE FRAU!

Hier ist nicht die Rede von der Ehefrau, der Hausfrau, der Mutter, der Schwiegermutter, der Schwester, der Tochter, der Putzfrau oder sonst einer Arbeits- oder Verwandtschaftsspezies Frau. Hier ist die Frau als Geschlechtsform, die Frau als weiblicher Mensch gemeint. Die Frau als eigene, individuelle Spezies Mensch! Die Frau als Lebewesen mit eigenen Entwicklungsmöglichkeiten. Die Frau als „natürliche", gleichrangige Partnerin des Mannes. Die Frau als soziologisch gleichbedeutendes Subjekt der Geschichte und der Gesellschaft.

Die Frau,

   die Frau,

      die Frau,

wohin ist sie verschwunden????

Achtung! Achtung! Hier spricht eine Frau! An alle anderen Frauen: Kommt raus und löst euch von dem „angebundenen" Frau-Sein, um einfach nur Frau zu sein! Mit dem uneingeschränkten Frau-Sein lässt sich viel leichter Ehefrau, Hausfrau, Karrierefrau usw. sein – bestimmt!!!

Unter dem hier so eindringlich gewünschten Frau-Sein verstehe ich das Sich-Selbst-Sein, das Bestehen auf die eigene Persönlichkeit! Manchmal habe ich wirklich das Bedürfnis, solch einen Appell laut in die Menge zu schreien – aber was würde es nützen?

Vielleicht würde ich als „doofe Emanze" abgestempelt oder auch „nur" für verrückt erklärt. Mein Ziel, die Frauen auf ihren Wert als weiblicher Mensch aufmerksam zu machen, würde ich aber sicherlich verfehlen. Also lass ich es lieber und versuche es anders – nicht schreiend, sondern schreibend.

Gesellschaftlich gesehen sollten Frauen ihr eigenes Selbstwertgefühl und auch den Wert typisch weiblicher Fähigkeiten und Tätigkeiten neu entdecken. Nur die weibliche Menschheit kann Kinder gebären! Es ist der männlichen Seite glücklicherweise noch nicht gelungen, eine entsprechende Maschine zu bauen. Jede Schwangerschaft und Geburt ist eine enorme körperliche Leistung, und die Freude und das Glück, das wir dadurch erleben können, kann uns kein Mann nehmen. Es besteht ja eine Theorie, die das Aufkommen des Patriarchats auf den Neid der Männer hierauf zurückführt. Ich denke, die Männer haben auch ihre Qualitäten, aber deshalb sollten die weiblichen doch nicht ganz unter den Tisch fallen. Wir sollten stolz darauf sein und unsere Gebärfähigkeit nicht als „natürliche Behinderung" bewerten. Wenn wir von neuen Gesichtspunkten und Bewertungen ausgehen wollen, so sollten wir aber auch dafür sorgen, dass die Männer dies ebenfalls tun (von alleine kommen die nicht drauf!). Nur gemeinsam können wir beständige Neuerungen schaffen. Ausschließlich zusammen, im Miteinander, kann neu gelebte Weiblichkeit zu einer neuen, besseren Welt führen.

Die Frau in der Geschichte

Für unsere Sozialisation und für unser männlich orientiertes Bild der Welt spielt die *Geschichte* eine besondere Rolle. Die Geschichte der Gegenwart, der Welt, in der wir leben, können wir zu einem gewissen Teil selbst wahrnehmen. Für die vergangene Geschichte sind wir auf die Angaben von Historikerinnen an-gewiesen. Vergangene Geschichte existiert immer nur als Geschichtsschreibung!

Geschichtsschreibung hat, neben der Informations-funktion, noch einen weiteren wichtigen Zweck zu erfüllen. Sie dient dazu, bestehende Zustände zu *recht-fertigen*. Geschichte kann bewusst benutzt werden (zum Beispiel Nazizeit). Die Ansicht: „So war es schon immer, und deshalb ist es auch heute noch richtig!", ist weit verbreitet. So kann behauptet werden, dass Heutiges deshalb richtig ist, weil es in der Geschichte schon einmal oder schon immer so war! In diesem Zusammen-hang liegt die Vermutung nahe, dass die Geschichts-schreibung auch das männerorientierte Herrschafts-system zu unterstützen suchte.

Das „Falschbild" der Geschichte

Wenn früher oft behauptet wurde: „Was wollt ihr Frauen eigentlich? Schaut doch die Geschichte an! Was habt ihr da schon geleistet?", dann ist genau diese Vorstellung der Grund, weshalb wir uns mit Geschichte und Geschichtsschreibung beschäftigen sollten. Viele Wissenschaftlerinnen beschäftigen sich im Rahmen der *„feministischen Forschung"* seit vielen Jahren mit diesem Problem. Sie kommen dabei zu erstaunlichen Erkennt-nissen und räumen mit manchem Vorurteil auf.

Frauen waren in der Vergangenheit nicht tatenlos – im Gegenteil! Ihre Taten wurden bislang aber (bewusst?)

verschwiegen oder einfach übersehen. Doch wie konnte es dazu kommen? Dies ist leicht zu beantworten: *Geschichte* war und ist, wie nahezu alle Wissenschaftsbereiche, (fast ausschließlich) von Männern erforscht. Dies liegt daran, dass die Wissenschaft mit ihrer Institution, der Universität, sehr lange keine weiblichen Studenten zugelassen hat. Aber auch nachdem Frauen zugelassen wurden, war ihr Anteil noch lange Zeit relativ gering. Wer von den Männern wird schon auf Leistungen von Frauen geachtet haben? Männer machen Geschichte! – Also sollten auch nur die Männer erforscht werden! Die wenigen Frauen in der Forschung konnten sich gar nicht erlauben, etwas anderes zu denken!

Heute ist zwar der Anteil an Studentinnen an den Hochschulen mit dem der Studenten identisch. Die Zahl der Frauen, die in der wissenschaftlichen Forschung tätig sind, ist dennoch gering. Und selbst wenn Frauen in der Wissenschaft aktiv sind, ist noch nicht gesagt, dass sie auch in gehobene Positionen berufen werden. Der Anteil der Professorinnen ist an den deutschen Hochschulen zwischen 2002 und 2012 von knapp 12 % auf über 20 % gestiegen. Noch in den 1990er Jahren lag er bei nur etwa 4% bis 5%. Hierdurch wird deutlich, wie lange die Wissenschaft männlich dominiert war und wie sehr sie dies auch heute noch ist.

Durch den einseitigen Blickwinkel männlicher Forschung erhielt die Geschichtsschreibung eine einseitige Ausarbeitung. Sicherlich muss dies nicht unbedingt böswillig geschehen sein. Es sollte uns allen aber deutlich sein, dass so mancher historische Zusammenhang sich aus weiblicher Sicht anders darstellt – und dies versucht die feministische Forschung aufzuzeigen.

Wie gravierend die Unterschiede in der Betrachtung und Bewertung von Geschichte sein können, möchte ich an einer Wissenschaftlerin und einem Wissenschaftler deutlich machen. So schreibt Herr *Narr*, ein Professor der Vor- und Frühgeschichte, in seinem Buch

„Urgeschichte der Kultur": „Die Hilflosigkeit der Neugeborenen, die noch größer gewesen sein dürfte als bei den jungen Menschenaffen, und die lange Dauer der Jugendphase, die bereits für die Australopithecinen (erste Menschengattung) belegt ist, erfordert eine ebenso lang andauernde Fürsorge der Erwachsenen. Es ist also durchaus nicht abwegig, wenn man nicht die ‚Urhorde', sondern die Familie als das von Natur dem Menschen Vorgegebene ansieht. Weiterhin machen unterschiedliche Größe und Stärke der Geschlechter und die häufige, im zeugungs- und gebärfähigen Alter wohl fast ständige Behinderung der Frauen durch Schwangerschaften und Säuglinge es fast zur Gewissheit, dass die Jagd Sache der Männer war, während den schwächeren Gliedern der Gesellschaft, vornehmlich den Frauen, die Tätigkeit des Sammelns und der Sorge für Feuerholz und Unterhaltung des Feuers sowie für die Lagerstelle zugefallen sein dürfte – also den einen die mehr abwechslungsreiche und unbeständige, aber aktive und höchsten Einsatz fordernde Tätigkeit, den anderen die mehr stetige und einförmige Beschäftigung." (siehe Narr, Urgeschichte der Kultur, 1961, S. 51f)

Dieses Zitat spiegelt ganz deutlich die geschlechterbezogene Eigenschaftszuordnung wieder, die in unserer Gesellschaft angenommen wird. Die Frauen werden als gemeinhin schwächer bezeichnet, die Männer als stark und aktiv. An einer anderen Stelle seines Buches bezeichnet Narr den Mann auch als „schöpferisch", das heißt denkend! Der Mann *ist* aktiv, stark und intelligent. Die Frau *ist* stupide, schwach und dumm. Dies zeige schon die Vor- und Frühgeschichte! Wer will hier wohl etwas anderes behaupten? Die Trennung der Arbeitsbereiche nach natürlichen körperlichen Eigenschaften wird durch Narr nicht nur beschrieben, sondern auch *bewertet*. Aus den unterschiedlichen Arbeitsbereichen ergeben sich für Narr verschieden zu bewertende Eigenschaften, die eine Zweitrangigkeit von Frauen rechtfertigt. So wie Narr seine Gegenwart sieht (und/oder sehen will), so sieht er auch die Vergangenheit.

Es stellt sich die Frage nach den Beweisen für seine Theorie! Nun, mit den Beweisen ist das so eine Sache! Gerade die Wissenschaft der Vor- und Frühgeschichte muss sich den Vorwurf der „Spekulation" gefallen lassen. Was sich nämlich über die Jahrtausende erhalten hat (Stein, Metall, selten nur vergängliche Materialien wie Holz oder Textilien), erlaubt nur einen sehr ungenauen, konturenhaften Einblick in die Lebenssituation unserer Vorfahren. Eine Rekonstruktion sozialer oder gesellschaftlicher Strukturen ist eigentlich nicht möglich. Von der Wissenschaft entwickelte Vorstellungen sind Annahmen – sie sind reine Spekulationen! Deshalb ist es nicht verwunderlich, wenn Frauen mit anderen Vorstellungen auch zu anderen Ergebnissen kommen. Diese sind ebenso nur reine Spekulation, aber warum sollten sie weniger glaubhaft sein? – Nur weil sie feministisch orientiert sind?

Heide Göttner-Abendroth hat sich in ihren Studien ebenfalls mit der Vorzeit unserer Ahnen beschäftigt und kommt zu dem Ergebnis, dass die Frauen in den frühen Gemeinschaften einen höheren Stellenwert einnahmen als die Männer. (Siehe Göttner-Abendroth, Das Matriarchat, 1988, S. 9.) Nach ihrer Beurteilung war nicht die Jagd, sondern die Gebärfähigkeit für die Menschen jener Zeit besonders wichtig. Die *Gebärfähigkeit* der Frau als lebensspendende Kraft zeigte in ihren Augen etwas Schöpferisches. Frauen können Leben schenken! Ihre Notwendigkeit beim Ernähren (Stillen) und Aufziehen des Nachwuchses ließ die Frauen als „Trägerin göttlicher Kraft" erscheinen. Die Frau wurde als „gottähnlich" empfunden, weil sie allein Leben geben und umsorgen kann. Weil die Frau das Leben gibt, hatte sie auch die Entscheidungsbefugnis über wichtige familiäre Dinge. Hieraus ergab sich fast zwangsläufig eine gehobene gesellschaftliche Stellung der Frau. Es scheint durchaus einleuchtend, dass unsere Vorfahren (bis vor etwa 3000 Jahren), die Frau mit ihren göttlichen Besonderheiten auch in besonderer Weise verehrten (zumal die Männer noch nichts von ihrer Zeugungsfähigkeit wussten). Auch mir erscheint es nur verständlich, dass die Frau durch ihre natürlich gegebene Besonderheit auch besondere Achtung erhielt, die sich in der Gesellschaftsstruktur widerspiegelte.

Die feministische Forschung hat Anhaltspunkte genug, um matriarchale Strukturen für vergangene Zeiten bis hin zur Antike anzunehmen. Gesellschaftliche und wirtschaftliche Veränderungen haben dann dazu geführt, dass Frauen immer weiter aus gesellschaftlich relevanten Positionen verdrängt wurden.

Es wurde bereits auf die Theorie hingewiesen, die die Unterdrückung der Frau auch am Wissen um die Zeugungsfähigkeit festmacht. Solange die Menschen noch nicht wussten, dass eine Geburt auch eine Zeugung voraussetzt, solange galt die Geburt als ausschließlich weibliches Phänomen. Aus diesem Grund konnte die Frau als von den Göttern auserwählt und deshalb verehrungswürdig gelten. Als die Männer erkannten, dass die Frauen ihrer männlichen Zeugungsfähigkeit bedurften, wendete sich diese Einstellung. Die Männer stellten sich und ihre Zeugungsfähigkeit in den Mittelpunkt – die Unterdrückung der Frau begann!

Doch was nutzt es, längst vergangenen Tagen der Anerkennung und Verehrung nachzuweinen? Sicher nichts! Doch wir können trotzdem einen Nutzen aus diesem Wissen ziehen. Wenn uns Frauen die frühgeschichtliche Trennung der Arbeitsbereiche als Argument einer noch heute notwendigen traditionellen *Arbeitsteilung* angeführt wird, dann können und sollten wir mit zwei Argumenten entgegnen. Erstens: Selbst wenn früher eine Arbeitsteilung gegeben war, so führte diese *nicht* zu einer Unterdrückung der Frauen, eher Gegenteiliges war der Fall! Gerade ihre Tätigkeit als Mütter und Haustätige ließ Frauen als verehrungswürdig erscheinen. Nicht die Trennung in unterschiedliche Arbeitsbereiche ist das Übel, sondern die Bewertung dieser Bereiche! Hieraus ergibt sich heute die Minderbewertung hausfraulicher beziehungsweise weiblicher Tätigkeiten und Eigenschaften! Mir geht es deshalb um gleiche Anerkennung und Verteilung beider Arbeitsbereiche! Das, was wir Frauen aus dem feministischen Geschichtsverständnis für unsere heutige Situation lernen sollten, ist: Wir Frauen leisten einen enormen gesellschaftlichen Dienst! Wir gebären und umsorgen spätere Steuer- und Rentenzahler! Die Betrachtung der frühen Geschichte, nicht nach *Narr*, sondern mit feministischen Augen, macht die Notwendigkeit der Beachtung von „Weiblichkeit" deutlich. Wenn die Männer auf der Basis ihrer Zeugungsfähigkeit ein Patriarchat aufbauen konnten, sollten Frauen auf dem Grund ihrer Gebärfähigkeit doch mindestens das Recht zur Gleichberechtigung herleiten können. Ohne die weibliche Gebärfähigkeit steht die männliche Zeugungsfähigkeit doch ziemlich unnütz da!

Zweitens: Selbst wenn früher eine Arbeitsteilung gegeben war, so ist sie heute nicht mehr nötig – denn heute ist männliche Körperkraft (zum Jagen) als Notwendigkeit zum Erhalt der Gesellschaft überflüssig. Das Argument, dass die Männer schon immer den Lebensunterhalt der Familien sicherten, verliert seine Kraft noch durch ein anderes Argument: Frauen waren schon damals durch ihre Sammeltätigkeit und die Versorgung der Kinder mindestens ebenso wichtig für die Gemeinschaft wie die Männer. Heute müssen die Männer nicht mehr jagen, die Frauen nicht mehr sammeln – beide können Geld verdienen, einkaufen gehen und kochen, putzen, waschen. Es besteht keine natürliche bessere Begabung des Mannes zur „Jagd" nach dem höheren Einkommen. Wir Frauen gebären zwar noch immer die Kinder, aber hieraus erwächst keine notwendige Arbeitsteilung. Für die Sicherung und den Erhalt der Familie durch Einkommen können wir ebenso beitragen wie der Mann – so wie Männer zum fürsorglichen und harmonischen Leben beitragen können.

Wir sollten noch etwas aus der Geschichte lernen: Wenn es früher ein *Matriarchat* gab, dann war es nicht gut genug, – denn die Männer konnten irgendwann die Oberhand gewinnen. Betrachten wir unsere jetzige Weltsituation, dann sollten wir zu dem Schluss kommen, dass das *Patriarchat* auch nicht gut genug ist. Es hat uns bis an den Rand der weltlichen und menschlichen Selbstzerstörung gebracht. Jetzt ist ein Umdenken gefordert. Nicht Frauen- und nicht Männerherrschaft, sondern menschliches Miteinander im Gleichgewicht von Wirtschafts- und Humaninteressen ist gefordert! Die spirituelle und esoterische Welle, die sich zurzeit durch die Bevölkerung bewegt, offenbart ein zentrales Bedürfnis der Menschen nach Selbsterkenntnis und Selbstfindung. Erfolg, Geld, Konsum weichen dem Bedürfnis nach persönlichem Wachstum, nach bewusstem und erfülltem Leben und Erleben! Immer mehr Menschen möchten sich befreien, sich von vorgegebenem Gedankengut emanzipieren! Damit dies gelingen kann, erscheint Wissen, auch historisches Wissen unerlässlich.

Doch nicht nur aus der Vor- und Frühgeschichte können wir lernen, auch die jüngere Geschichte lässt uns einiges erkennen. Leider ist die jüngere patriarchale Geschichte unserer Mütter durch die immer wiederkehrende Zurückweisung weiblicher Bestrebungen nach Gleichberechtigung gekennzeichnet. Gesellschaftliche Institutionen, wie zum Beispiel die Kirche, haben dafür gesorgt, dass Frauen keine Möglichkeit bekamen, sich wieder an der direkten „Fürsorge" der Gesellschaft, an der politischen und wirtschaftlichen Führung der Gesellschaft, die zur Machtausübung verkommen ist, zu beteiligen. Deshalb sollte an dieser Stelle auch die Einflussnahme und Wirkung der Kirche dargestellt werden.

Glauben Sie nur nicht, dass das Christentum unwichtig ist, nur weil Sie es für sich selbst und für heute vielleicht als unwichtig empfinden. Für unsere abendländische Kultur ist das Christentum von enormer Bedeutung. Ohne das Christentum hätte unsere Geschichte nicht diesen Verlauf genommen. Wir alle, sofern wir keine nicht-christliche Zuwanderungsgeschichte haben, sind seit Jahrhunderten durch unsere Umwelt und meist auch durch die Eltern christlich erzogen. Wir sollten diesen Einfluss nicht unterschätzen.

Hierbei ist es wichtig zu wissen, dass das Christentum, wie wir es kennen, sich bewusst zur Unterstützung eines patriarchalen Gesellschaftssystems entschlossen hat und es somit massiv stützte.

Die bewusste Manipulation der Kirche

Bevor der große Einfluss des Christentums auf die patriarchale Menschheitsgeschichte beschrieben werden kann, muss auf die Situation der Frauen vor dem Urchristentum eingegangen werden.

Die Situation der Frauen im Judentum war wegen der patriarchalen Religionsform schon sehr schlimm. Sogar die Bauweise der Tempel und die Sitzverteilung drückten die Unterdrückung der Frau aus. Alle männlichen Mitglieder der Gemeinde, auch die Minderjährigen, konnten im Gottesdienst dazu aufgefordert werden, aus der Thora (die 5 Bücher Moses) vorzulesen. Hiervon ausgeschlossen waren nur die Zerlumpten und Nackten (Männer) sowie alle Frauen. Die Frau wurde in ihrer Wertigkeit den Zerlumpten und Nackten gleichgestellt und den minderjährigen, männlichen Gemeindemitgliedern untergeordnet.

Auch in der häuslichen Religionsausübung war die Frau eingeschränkt handlungsfähig. Die Frau war zwar zu bestimmten religiösen Handlungen verpflichtet, aber gerade von den wesentlichen religiösen Inhalten war sie (auf göttliche Weisung!) ausgeschlossen. Der gläubige jüdische Mann folgerte hieraus, dass Gott die Frau nicht als vollwertiges Wesen erachtet. Gott ersann nur die Männer als ihm ebenbürtig, und deshalb galt die Frau als „minderwertig"!

Die rechtliche Stellung der Frau wurde durch diese Einstellung ebenfalls geprägt. Die Frau war vor Gericht nicht zeugnisfähig und wurde deshalb auch bürgerlich-rechtlich dem Nichtjuden, dem Sklaven, dem Kind und dem geistig nicht Zurechnungsfähigen gleichgeordnet, selbst dann, wenn sie die Frau oder Tochter eines Hohepriesters war. Dies können Sie in dem Text „Mann und Frau im Urchristentum" von Karl Heinrich Rengsdorf, S.13, nachlesen.

Aber nicht nur die jüdischen Frauen wurden unterdrückt. Auch in anderen Kulturräumen jener Zeit stellte sich die Situation der Frauen vor Aufkommen des Urchristentums kaum anders dar. Für die Lebens-umstände der griechischen Frauen möchte ich ein eindeutiges Zitat anführen. Dort spricht ein Mann vor Gericht über die Frauen folgendes: „Die Hetairen haben wir zum Vergnügen; die Kebsfrauen zu des Leibes täglicher Pflege, die Ehefrauen, dass wir rechte Kinder bekommen und eine treue Hüterin über das Haus besitzen." Nachzulesen in „Die Frau in der antiken Welt und im Urchristentum", von Johannes Leipholdt, S. 34.

Der Redner unterteilt die Frauen in drei Gruppen: 1. – Die Hatairen: Sie waren sogenannte „Gesell-schafterinnen" für die Männer. Sie „dienten" als Gesprächs- und Liebespartnerinnen. Vom Standpunkt des Mannes ausgehend, wurden sie von diesem „benutzt". 2. – Die Kebsfrauen: Als solche wurden die Sklavinnen des Haushalts bezeichnet. Auch sie wurden benutzt. 3. – Die Ehefrau: Sie wurde „besessen". Als Eigentum des Mannes hatte sie keinerlei Rechte, sondern nur die Pflicht, dessen Haushalt zu führen und ihm Nachkommen zu gebären. Sicherlich lassen sich für diese Einschätzung auch Ausnahmen belegen. Selbst-ständig arbeitende Frauen von politischer und philosophischer Relevanz sind auch für die Antike nachweisbar. Trotzdem erscheint die Grundeinstellung des griechischen Mannes gegenüber Frauen eher negativ. Die griechische Gesellschaft bestand aus den Männern, welche die politische Macht für sich in Anspruch nahmen, und aus den Frauen, welche diesen zum Vergnügen, zur Pflege oder zur Fortpflanzung dienten. Auch in Griechenland war die Rechtsfähigkeit der Frauen sehr eingeschränkt.

Für die germanischen Frauen können wir ebenfalls eine benachteiligte gesellschaftliche Situation annehmen. Letztlich können wir für den gesamten abendländischen Kulturraum eine Zweitrangigkeit der Frau feststellen. Leider hatte sich das Patriarchat zur Zeitenwende ja schon seit etwa 1000 Jahren durchgesetzt. Eine kleine Ausnahme finden wir in Rom. Für Rom stellt sich die Situation etwas anders dar. Die Frau besaß im Haushalt einen „selbstständigen" Wirkungskreis und die verheiratete Frau genoss gesellschaftliche Achtung. Seit etwa 100 vor unserer Zeitrechnung verbesserte sich auch ihre Rechtsstellung.

Dies alles ist wichtig zu wissen, damit die Tragweite der christlichen Unterstützung des Patriarchats deutlich wird.

Jesus selbst wuchs umgeben vom Judentum auf, wobei er sich gegen manche jüdische Norm wendete. Dies fällt besonders bei seinem Umgang mit Frauen auf. Deshalb ist es auffällig, dass gerade in der „Frauenfrage" urchristliches Jesus-Gedankengut durch Rückbesinnung auf jüdische Betrachtungsweisen verdrängt werden konnte. Dies kam so:

Trotz der eher männerorientierten Gesellschaft besannen sich immer mehr Frauen ihrer vergangenen matriarchalen Kultur. Weiblich orientierte Kulte, letzte Bruchstücke von matriarchalen Strukturen, traten in wachsendem Maße wieder hervor. Dies ist für Griechenland und das römische Reich für die Zeit um das Jahr 0 unserer Zeitrechnung belegt.

Jesus und sein Urchristentum schien diese weiblichen Bestrebungen zu unterstützen. Das

Urchristentum wendete sich gegen die Unterdrückung jüdischer Frauen beziehungsweise gegen eine Frauenfeindlichkeit und eine Unterdrückung von Menschen allgemein. Die feministische Theologie hat in vielfältiger Weise belegt, dass Jesus und „sein" Christentum eine Gleichstellung der Frau, eine Gleichstellung letztlich aller Menschen wollte. Vor Gott sind alle Menschen gleich, besagte die Grundüberzeugung, die dahinter stand.

Gerade dieser Aspekt war für die rasche Verbreitung des Christentums verantwortlich. Es ist nachgewiesen, dass sich anfänglich überwiegend Frauen zum Christentum bekannten. Die Frauen waren es, die die größere Zahl der Zuhörer und dann auch die größere Zahl der Gemeindemitglieder stellten. Sie waren es auch, die das Christentum in die höheren Gesellschaftsschichten einführten.

Selbst etwa 200 Jahre nach Jesus, als sich die Institution Kirche schon gebildet hatte, bestand ein Missverhältnis von Männern und Frauen. Um diesem Dilemma zu begegnen, schrieb der römische Papst Calixtus I., der etwa 217 bis 222 nach unserer Zeitrechnung seines Amtes waltete, folgendes: „Er gestattet den Frauen von Stande, wenn sie unverheiratet sind und jugendliche Leidenschaft in sich spüren, aber ihren Stand nicht durch eine gesetzmäßige Heirat verlieren wollen, sich einen Mann auszuwählen, einen Sklaven oder einen Freien, und ihn als Gatten anzusehen, obwohl sie nicht gesetzmäßig verheiratet sind." (Leipholdt: Die Frau in der antiken Welt und im Urchristentum", S. 157) Die Kirche als Institution der ersten Jahrhunderte nach unserer Zeitrechnung war, wie dieses Zitat zeigt, zu *enormen Kompromissen* bereit. Eine christliche Frau konnte, um ihren Stand nicht durch eine nicht standesgemäße, dafür aber christliche Heirat zu verlieren, eine „wilde" Ehe unter kirchlicher Anerkennung führen! Aber gerade diese Kompromissbereitschaft der Kirche wurde zum Fallstrick für die Situation der Frau.

Bevor sich die Kirche als Institution bildete, bestand das Christentum aus einer Gemeinschaft vieler unterschiedlichster Gemeinden. Heute ist bekannt, dass es viele verschiedene christliche Gruppen gab, welche durchaus unterschiedliche christliche Vorstellungen lebten. Es gab Gemeinden, in denen die Frau als Priesterin und Gemeindevorstand selbstverständlich war. Viele Gemeinden lebten eine Gleichstellung der Geschlechter! Um das Jahr 200 nach unserer Zeitrechnung entstand die kirchliche Institution unter Leitung der dreistufigen Hierarchie von Bischöfen, Priestern und Diakonen, die sich selbst als die „Wächter des einzigen wahren Glaubens" verstanden. Der Wille der Bischöfe, die christliche Religion zu mehr Einfluss auf Staat und Gesellschaft zu führen, zwang diese zu Kompromissen. Dem Ziel der anerkannten Kirche wurden die Inhalte untergeordnet.

Die kirchliche Institution beziehungsweise die männlichen „Machthaber" der Kirche passten die Kirche den politischen Wünschen nach Unterstützung der männlichen Machtstrukturen an. Die Tendenz, die Frauen zu religiöser und gesellschaftlicher Gleichstellung zu führen, musste deshalb bewusst unterbunden werden. Zu diesem Zweck führten die Bischöfe die Verbote für Frauen im religiösen Bereich ein. Entwicklungen außerhalb dieser Kirche, freigläubige Gemeinden und deren Vorstellungen vom Christentum wurden als Häresien (Irrlehre, Ketzerei) verfolgt. Die Mitgliedschaft innerhalb der „wahren" Kirche wurde als *einziger* Weg zum Heil erklärt.

Mit der Einführung des Christentums als Staatsreligion und der damit verbundenen Rückbesinnung auf patriarchalisches (jüdisches) Gedankengut konnten gezielt patriarchalische Auslegungen der Bibel beginnen. Sprüche wie: „Die Frau schweige in der Gemeinde" oder „Die Frau sei dem Manne Untertan" und dergleichen sind uns allen wohl bekannt. Wir lernen das Christentum nicht als Ganzes kennen, sondern nur, was uns davon erzählt wird. Andere

Gedanken, die sich auch in der Bibel wiederfinden, kennen wir kaum – wer liest schon die Bibel?

Der Schöpfungsbericht, der Eva aus Adams Rippe hervorgehen ließ, ist Bestandteil des Lehrplans, und wir alle kennen diese Version. Er schuf eine Basis, die unterschiedliche Bewertungen von Frau und Mann erlaubte: die Frau wurde nur dem Manne zur Hilfe geschaffen! Jahrhundertelang wurde die Schlechtigkeit der Frau an ihrer Versündigung im Paradies festgemacht. Eva hat Adam dazu verführt, die verbotene Frucht zu essen. Sie ist deshalb schuld am Elend in der Welt, da der Mensch ihretwegen das Paradies verlassen musste.

Dass diese Erzählung als christlicher Mythos eigentlich nicht wörtlich zu verstehen ist, daran haben die Kirchenväter nicht erinnert. Außerdem haben es die Kirchenväter tunlichst vermieden, den ersten Schöpfungsbericht in seiner ganzen Länge zu erwähnen. Jede, die die Bibel aufschlägt, wird als erstes einen vollständigen Schöpfungsbericht lesen können. Gott schuf die Welt und alles auf ihr in sechs Tagen, und am siebenten ruhte er sich aus. Als Krönung seiner Schöpfung schuf Gott den Menschen nach seinem Bilde: und zwar männlich und weiblich. Beide Geschlechter wurden demnach gleichzeitig und gleichwertig geschaffen! Erst im Anschluss an diese Erzählung erscheint die Adam-und-Eva-Erzählung in der Bibel.

Es erscheint mir doch bedeutend, dass uns allen die Erzählung von Adam und Eva in ihrer gängigen Auslegung geläufig ist. Genau diese konnte als religiöse Rechtfertigung zur Unterdrückung der Frau dienen. Der eher auf Gleichheit der Geschlechter hindeutende Schöpfungsakt der ersten Erzählung wurde uns allen verschwiegen. Aber auch der bislang eher negativ ausgelegte „Sündenfall" könnte zu einer anderen Bewertung der Frau führen: Adam, treu und gehorsam, hielt sich an die göttlichen Gebote und lebte in vollkommener Abhängigkeit von Gott – in Unfreiheit!

Eva dagegen hatte den Mut und den (geistigen) Horizont, den Apfel gegen Gottes Gebot zu essen. Erst durch diesen Schritt, der zur Verbannung aus der Abhängigkeit führte, konnten die Menschen sich zu freien, selbstverantwortlichen Menschen entwickeln. Eva ergriff die einzigartige Initiative, die zur geistigen Freiheit führte – die Menschheit sollte ihr beziehungsweise ihrem Geschlecht dankbar sein! Diese Auslegung des Sündenfalls ist nur ein Beispiel dafür, wie das Christentum durch bewusst männlich orientierte Auslegungen unser patriarchalisches System trug und festigte.

Die geschilderte Entwicklung des frauenbefreienden Urchristentums zum patriarchalen Christentum wird jedoch auch heute noch weitgehend verschwiegen. So können wir im Brockhaus lesen: „Durch das Christentum änderte sich die Stellung der Frau zunächst wenig. In frühchristlicher Zeit hatte die Frau in der Gemeinde zu schweigen, noch Jahrhundertelang galt sie als ‚Gefäß der Sünde‘.“ Dies erscheint mir als typisches Zitat männlich orientierter Geschichtsschreibung. Die „Vorgeschichte" des Christentums, das Urchristentum, in seiner ganz eigenen Erscheinung wird verschwiegen! Das Urchristentum ließ die Frauen in vielfältiger Weise in der Gemeinde sprechen und schenkte der Schöpfungsgeschichte des Sündenfalls kaum Beachtung. Dies *sollte* einmal deutlich gesagt werden.

„Was uns heute als natürlich (da göttlich) erscheint, war in seinen Anfängen nichts anderes als ein manipuliertes Komplott, männlich orientierter Staats- und Kirchen„väter", die ihre Ängste vor weiblichen Machtanteilen in Verboten weiblicher Machtausübung formulierten und im Rückgriff auf religiöse Erzählungen wie Genesis 2 legitimierten.

Es kann nur ein Anliegen der neuen, emanzipatorischen Zeit sein, Hintergründe hierzu aufzudecken und neue Wege des Miteinanders beider Geschlechter daraus zu entwickeln. Die religiöse Legitimation hierfür bietet Genesis 1:

„Und Gott schuf den Menschen zu seinem Bilde,
zum Bilde Gottes schuf er ihn:
und schuf sie als Mann und Weib"

(Genesis 1,27, siehe auch: Kanacher, Britta: Christentum und Patriarchat, Bonn 1992, zur Zeit nicht lieferbar, aber als Neuauflage in Planung)

Die Christliche Kirche hat kein biblisches oder von der „Urlehre" her begründetes Recht, auf eine Unterordnung der Frau zu beharren. Eher ist das Gegenteil der Fall. Das Beharren auf männerorientierten Strukturen entspricht jüdischem, nicht Jesus-christlichem Gedankengut. Dies versucht die feministische Theologie seit einiger Zeit der Allgemeinheit deutlich zu machen. Uns allen sollte daran gelegen sein, sie in diesem Punkt zu unterstützen – wir sollten unseren Partnern und unseren Bekannten bei Gelegenheit von dem „anderen" Geschichtsverständnis erzählen. Wir können uns ruhigen Gewissens von der moralischen, religiös motivierten Vorstellung lösen, dass die christliche Religionsform die Unterordnung der Frauen mitbegründet. Die Bibel auf ihren erst Seiten liefert eine Basis zur Gleichberechtigung. Dies sollte noch viel mehr Menschen klar sein.

Der Einfluss der christlichen Kirche ist aber nicht nur in dieser Weise nachweisbar. Ihr Einfluss war auch sehr konkret. Der Begriff der „Hausfrau" mit der Definition ihrer Aufgaben muss etwa um 300 nach unserer Zeitrechnung aufgetreten sein. In dieser Zeit hatte sich das Christentum als Staatsreligion im Römischen Reich durchgesetzt und konnte offen auftreten.

Als Staatsreligion verwies die Kirche ihre Gläubigen auf die Haustafeln, die mit ihren Aussagen familiäre Angelegenheiten regeln sollten. Die Haustafeln verlangten, dass die Würde der Frau durch die Mutterschaft nicht geringer sei, als die Würde des Mannes durch sein Vaterwerden und Vatersein. (vgl. K.H.

Rengsdorf: Mann und Frau im Urchristentum, in: Veröffentlichungen der Arbeitsgemeinschaft für Forschung 9-13, Köln 1954, S. 46). Eine gesellschaftliche Gleichberechtigung würde dieser Gleichheit an Würde entsprechen.

Es galt aber die Einschränkung, dass in der Familie für das Kind der Vater als Führer und die Mutter als Pflegerin zu werten sei. Die Begründung für diese eheliche Überordnung sahen die Haustafeln in dem Faktum, dass kein Kind und somit auch keine Mutterschaft und keine Familie ohne den Willen des Mannes entstehen kann; wohl aber kann es Kind und Mutterschaft auch gegen den Willen der Frau geben. (Da braucht man sich über Vergewaltigung in der Ehe nicht mehr zu wundern!)

Hier wird genau das deutlich, was oben schon erwähnt wurde. Die Gesellschaft achtete die Möglichkeit der Zeugung durch den Mann höher als die Gebärfähigkeit der Frau. Dies wurde natürlich auch religiös begründet: So wie (der männliche) Gott die Menschen schuf, können auf Erden die Männer durch Zeugung Menschen schaffen. Die Zeugung wurde zu etwas Göttlichem erhoben. Das Austragen und Gebären wurde zur Nebensache, die der Notwendigkeit der Zeugung bedurfte. Doch beides ist in gleicher Weise notwendig: weder die Zeugungsfähigkeit noch die Gebärfähigkeit führen für sich genommen zu Nachwuchs!

Die Rollenverteilung nach den Haustafeln soll sich ausschließlich auf Ehe und Familie beziehen und entspricht den unterschiedlichen geschlechtsbezogenen Aufgaben, wie Gott sie den Menschen zugedacht hatte. In der Gesellschaft allgemein sollten Frauen den Männern gleichgestellt sein, nur in der Ehe und Familie sollte die Frau ihrem Mann untergeordnet sein. Leider ist es in einer Gesellschaft sehr schwierig, zwischen den familiären und gesellschaftlichen Strukturen zu trennen. Dies haben schon die frühen Christen gesehen. Schon ihnen wurde deutlich, dass der Macht-

beziehungsweise Herrschaftsanspruch des Mannes über seine Ehefrau sich durchaus dazu entwickeln könnte, als Machtbefugnis des Mannes über die Frau allgemein verstanden zu werden. Um dieser Entwicklung entgegenzuwirken, wurde die „vorbehaltlose Absage an jeden Missbrauch" in den Haustafeln ausdrücklich formuliert. Leider wurde hierauf nicht geachtet! Wir alle wissen, dass, gerade weil der Mann als Haus- und Familienvorstand galt, eine gesellschaftliche Unterdrückung der Frau möglich wurde! Doch die Haustafeln orientieren sich an der gottgegebenen und somit festgelegten Ordnung. Ein Ausbrechen aus dieser Ordnung würde Gottes Schöpfung in Frage stellen. Dadurch, dass die Unterordnung der Frau, über die Familie hinaus, auch in die gesellschaftliche Ordnung übertragen wurde, wird eindeutig gegen Gottes Vorstellung gehandelt. Ein Verbot, die familiäre Rollenverteilung auch allgemein zu leben, wurde in den Haustafeln ausdrücklich ausgesprochen! *Letztlich stellt das gegenwärtige, Frauen und Weiblichkeit unterdrückende Gesellschaftssystem also eine Missachtung göttlicher Gebote dar!*

Das Neue Testament und das Urchristentum vertreten keinen Patriarchalismus. Eigentlich brauchte das Urchristentum die Forderung nach Gleichberechtigung der Geschlechter ja gar nicht. Vor Gott, in Christus, sind beide Geschlechter sowieso gleich. Es gibt Wissenschaftlerinnen, die Christus deshalb als Feministen bezeichnen. Er hat sich für die unterdrückten Frauen eingesetzt. Leider wurden seine Vorstellungen und die Vorstellungen von damaligen urchristlichen Kleingruppen in der Institution Kirche stark verändert. Die Aspekte der Gleichberechtigung wurden im Christentum verdrängt und die Gründe für eine Verherrlichung des Mannes und eine Missachtung der Frau hervorgehoben. Was uns für die Frauenrolle innerhalb des Christentums blieb, ist der Sündenfall und die Frau, die nicht nur in der Familie, sondern auch in der Gemeinde zu schweigen hat. Dieses von der

Kirche verfälschte Bild vom Christentum hat unser Frauenbild lange getragen und tut dies teilweise heute noch – zu Unrecht!

Eine Geschichte der wiederkehrenden Zurückdrängung

Durch das Christentum beziehungsweise durch die männlich orientierte Kirche wurde den Frauen die Möglichkeit zur Eigenständigkeit gegenüber und zur Gleichheit mit dem Mann genommen. Deshalb konnte sich die Geschichte der Frauenrolle nicht anders entwickeln, als sie es tat.

Bis zum 13. Jahrhundert änderte sich kaum etwas an der Situation der Frau in der Gesellschaft. Religiös untermauert, durfte sie keine gesellschaftliche Stellung erlangen. Es bestand sogar die Geschlechtervormundschaft des Mannes über die Frau. Zuerst war der Vater, dann der Ehemann der Vormund der Frau. Dies orientierte sich am römischen Recht. Die Frauen hatten keinerlei Befugnis, weder über Dinge, noch über sich selbst. Der höfische Minnedienst (um 1200) verlieh der Frau oft höfischen beziehungsweise gesellschaftlichen Glanz. Die prinzipielle Unterordnung der Frauen, auch in gehobenen Schichten, blieb jedoch davon unberührt.

Durch Fehden, Seuchen, Kreuzzüge und den Zölibat entwickelte sich ab dem 13. Jahrhundert ein Frauenüberschuss. Dieses sozialökonomische Problem sorgte für einen belegbaren Wandel der Frauenunterdrückung. Es gab einfach zu wenige Männer. So traten im wachsenden Maße Frauen in die Gewerbe ein oder beschäftigten sich mit handwerklichen Tätigkeiten. In Bereichen, die nicht in Zünften organisiert waren, konnten sie sich sogar sehr stark durchsetzen. So waren zum Beispiel Hebammen nicht nur für Geburten zuständig. Sie besaßen ein großes „medizinisches"

Wissen und genossen als „Ärztinnen" Ansehen. Sie sicherten die Gesundheitsversorgung jener Jahre.

Auch in der Bildungsarbeit waren Frauen geschätzt. Frauenklöster wurden zu Bildungseinrichtungen für höhere Gesellschaftsschichten. Die Frauen gewannen durch ihre Vielzahl an Tätigkeiten an Ansehen und erarbeiteten sich eine gewisse soziale Stellung. Sie hatten durch die geringe Anzahl der Männer einen Handlungsspielraum und nutzten ihn. So gelangten sie zu Anerkennung und einem gewissen Maß an Freiheit. Für das ausgehende Mittelalter und die frühe Neuzeit (13. bis 17. Jahrhundert) ist auch bezüglich der Vormundschaftsregelung eine gewisse Lockerung zu verzeichnen. So war „nur" noch eine Beistandspflicht und Sachwalterschaft durch den Mann in gerichtlichen Angelegenheiten gegeben. Dies gewährte den Frauen zumindest die Möglichkeit, eigene Entscheidungen treffen und durchsetzen zu können, sofern diese nicht mit richterlicher Einwilligung erfolgen mussten.

Vielschichtige Zusammenhänge führten dann zu einer erneuten Abhängigkeit und Unfreiheit der Frau. Der Frauenüberschuss verschwand wieder, und das Aufkommen des Gewerbe-Bürgertums schuf neue Vorstellungen. Wer durch Handel und Gewerbe genug Geld verdiente, der ließ seine Frau nicht arbeiten. Der Satz: „Meine Frau *muss* nicht arbeiten!" hat seine Wurzeln in dieser Zeit. Erstmals konnten sich die Menschen niederer Herkunft „Luxus" erarbeiten. Der erste Luxus bestand darin, dass die Frau sich ausschließlich um die Hausarbeit und Kindererziehung kümmern konnte. Sie musste nicht zum Lebensunterhalt beitragen, wie in den niederen Schichten sonst üblich.

Der Aufbau der Wissenschaften, der in diese Zeit fällt, sorgte ebenfalls für eine erneute Überordnung des Mannes. Nur wer nachweisen konnte, dass er an einer Institution etwas gelernt hatte, galt fortan als wissend. Die Schulen waren freilich nur den Männern zugänglich. Mädchen brauchten ja nichts zu lernen, da sie ja „nur" den Haushalt führen sollten.

Das „medizinische" Wissen der Hebammen wurde durch dieses „Verwissenschaftlichen" ungültig. Obgleich die Medizin als neu geschaffener Wissenschaftsbereich viel von diesen Frauen hätte lernen können, nahmen die Männer dies nicht an. Frei nach dem Motto: „Das ist nicht auf unserem Mist gewachsen", verdrängten die Männer das Wissen der Frauen aus der Medizin. (Warum ließen sich die Frauen das gefallen?) Es besteht eine Theorie zur Hexenverfolgung, welche gerade diesen Aspekt hervorhebt. Die Hebammen waren beim Bürgertum und besonders bei den Frauen sehr geschätzt. Sie konnten nicht nur Geburtshilfe leisten, sondern auch Ratschläge zur Geburtenkontrolle geben oder Schwangerschaftsunterbrechungen vornehmen. Dieses Wissen war bei der Kirche und bei der Wissenschaft nicht gern gesehen – also mussten diese Frauen unterdrückt oder besser gleich „ausgerottet" werden. Da ihr Wissen häufig trotz der „Unwissenschaftlichkeit" zum Erfolg führte, konnte dies nur auf einen Pakt mit dem Teufel hinweisen! Ich kann nicht beurteilen, ob diese These stimmt, aber sie scheint mir recht einleuchtend.

Das Schwinden des Frauenüberschusses, das Aufkommen des Gewerbe-Bürgertums und der Aufbau der Wissenschaften unterstützten den Hexenwahn und die Wiederentdeckung des antiken (Haus-)Frauenideals. Die Frau des späten Mittelalters wurde wieder zum Vorzeigeobjekt, zum Statussymbol, wie wir es für die griechische Frau vor der Zeitenwende gesehen haben. Sie wurde wieder aus gesellschaftlichen Belangen zurückgedrängt!

Um diese Situation rechtlich zu festigen, wurde das römische Recht von neuem eingeführt. Die Frau wurde dadurch wieder, nahezu rechtlos, unter die Gewalt des Vaters beziehungsweise des Ehemannes gestellt. Die Männerwelt des auslaufenden Mittelalters wurde wieder ins rechte Lot gerückt!

Trotz aller Gegenkräfte gelang einzelnen Frauen gehobener Stände in der zweiten Hälfte des 17. Jahrhunderts der Zugang zu höherer Bildung. Sie wurden als „gelehrtes Frauenzimmer" bezeichnet und damit oft verspottet. Dieser Frauentyp wurde aber durch den des „galanten Frauenzimmers" abgelöst. Ein Jahrhundert lang bestimmte dieser, ausschließlich aufs äußere Erscheinungsbild beschränkte Frauentyp die Kultur des Rokoko auf gesellschaftlicher und geistiger Ebene.

Am Ende des 18. Jahrhunderts bildeten sich gesellschaftliche Reformbewegungen. In diesem Zusammenhang traten erstmals Frauen in organisierter Weise für ihre Gleichberechtigung auf ökonomischem, sozialem, politischem und kulturellem Gebiet öffentlich ein.

Im 19. Jahrhundert verstärkten sich die Frauenbewegungen. Verbesserte Bildungsmöglichkeiten für Frauen, gleiche bürgerliche und politische Rechte wurden gefordert. Eine Vielzahl von Vereinen und Organisationen wurde gegründet und wirkte auf die Gesellschaft.

In Deutschland erhielten die Frauen 1918 das volle aktive und passive Wahlrecht. (Schon 1891 hatten die Sozialisten die Forderung des Frauenwahlrechts in ihrem Programm).

Das Frauenwahlrecht wirkte zwar auf das Wahlergebnis stark ein, aber das Gesamtbild des Parlaments wurde weniger verändert als erwartet. Dies lag wohl daran, dass die Frauen der ungebildeten Schichten das wählten, was ihre Männer auch wählten. Lange Zeit wurde die Frau deshalb in den Wahlkämpfen kaum direkt angesprochen. Erst in jüngerer Zeit entdeckten die Parteien die Frau als eigenständige Wählerin. Erst seit wenigen Jahrzehnten werden Frauen und ihre Bedürfnisse in die Werbekampagnen einbezogen und direkt angesprochen.

Ein weiteres geschichtliches Beispiel für das Zurückdrängen von Frauen stellt das Aufkommen des

Nationalsozialismus dar. Die Entwicklung der Frauen-bewegung brach in Deutschland 1933 völlig ab. Die meisten großen Frauenverbände lösten sich auf und lebten erst nach 1945 wieder auf.

Seitdem hat die Frauenbewegung jedoch schon sehr viel erreicht und verändert. Leider hat sie es aber versäumt, auch den Leistungen der Hausfrauen und der Gleichstellung von Weiblichkeit mehr Anerkennung zukommen zu lassen. Das Frauenbild der sogenannten Emanzipation wurde zu stark auf das Ideal der erwerbstätigen Frau beschränkt. Die Frauen genießen zwar heute ihre gewonnenen Freiräume, dennoch erscheint die gegebene Emanzipation als nicht um-fassend genug. Sie belastet die Frauen, da eine Frau sich trotz Kinder zur Erwerbstätigkeit gezwungen sieht. Warum spricht nur selten jemand von der Doppel-belastung eines Mannes? Warum wird, wenn über die Vereinbarkeit von Familie und Beruf gesprochen wird, nur an Frauen, nicht an Männer gedacht? Dies sind nur einige Beispiele, die in meinen Augen eine noch immer gegebene Ungleichheit der Geschlechter belegen. Letztlich gilt es jedoch bei der Beurteilung der Gleich-stellung der Frau zu bedenken, dass diese Bestre-bungen noch keine lange Tradition besitzen: Noch bis 1976 war eine Frau nahezu rechtlos unter die Gewalt des Vaters beziehungsweise des Ehemannes gestellt. Das ist noch gar nicht lange her! Erst durch das „Erste Gesetz zur Reform des Ehe- und Familienrechts" (14.06.1976), das am 1.07.1977 in Kraft trat, wurde zum Beispiel folgendes eingeführt:

- eine Frau konnte ohne die Einwilligung ihres Ehe-mannes erwerbstätig werden

- ein Mann konnte die Erwerbstätigkeit seiner Frau nicht mehr als Scheidungsgrund angeben – bis zu diesem Zeitpunkt konnte eine Frau, sofern ihr Mann den gemeinsamen Haushalt oder die Kinder durch die Erwerbstätigkeit seiner Frau als vernachlässigt ansah, *schuldhaft* geschieden werden

- eine Frau konnte nach Eheschließung weiter frei über ihre finanziellen Mittel und/oder ihr Erbe verfügen – vorher ging ihr Vermögen mit der Eheschließung automatisch in die Verwalterschaft ihres Ehemannes über.

Als ich erfuhr, wie sehr die Frau durch die Gesetzgebungen bis 1977 in ihrem Leben eingeschränkt war, hat mich das tief erschüttert. War ich selbst doch zu diesem Zeitpunkt bereits 13 Jahre alt. Wie sehr sich dies auch noch auf mein Leben auswirkte, möchte ich an einem Beispiel schildern: Mit einem Relikt aus den Zeiten, da die Frau noch unter der Rechtsführung ihres Mannes lebte, wurde ich selbst konfrontiert. Vor nunmehr fünfundzwanzig Jahren wollte ich für meine Familie ganz selbstverständlich und selbsttätig eine Risikoversicherung abschließen. Mit dem Versicherungsvertreter wurde der Vertrag auch abgeschlossen. Im Vertrag hatten wir einfach „Ehemann" durch „Ehefrau" ersetzt. Nach wenigen Tagen kam der Vertreter wieder und meinte, dass der Vertrag in dieser Form nicht gültig sei. Haushaltsvorstand sei nun mal der Ehemann und eine Ehefrau konnte deshalb keinen Vertrag abschließen. Also wurde ein neuer Vertrag in Gegenwart meines damaligen Ehemannes erstellt, ich „durfte" mit unterschreiben! Offensichtlich galt ich der Versicherung nicht als gleichberechtigter Ehepartner! Ob dies heute anders ist, kann ich leider nicht beurteilen (ich hoffe es aber). Heute würde mir aber so etwas nicht noch einmal passieren. Eine solche Versicherung sollten Frauen boykottieren! Wenn alle Frauen sich dazu entschließen, für ihre Rechte mehr einzutreten und ihre Männer bzw. die Männer sie entsprechend unterstützen, dann wird sich mehr ändern. Auf das Beispiel der Versicherung bezogen: Der Kampf um Marktanteile beginnt und endet bei der Verbraucherin beziehungsweise dem Verbraucher.

Die Frau und „ihre" Arbeit

Frauen haben heute vielfach die „Macht" ihrer eigenen Entscheidungs- und Handlungsfähigkeit. Dennoch werden ihre Lebenswege vielfach durch äußere Gegebenheiten beeinflusst, die wirkliche Wahlfreiheit im Leben einer Frau noch immer einschränken oder gar verhindern. Dies liegt am nach wie vor gegebenen Bild der Frau und ihrer entsprechenden Wertung in unserer Gesellschaft. Wirkliche Gleichberechtigung ist nicht gegeben und die hierfür notwendige Gleichberechtigung von Weiblichkeit und Männlichkeit noch zu wenig in unserem Bewusstsein verankert! Warum dies so ist und warum es eigentlich nicht so sein müsste, möchte ich mit folgenden Argumenten belegen.

Jede Frau beschäftigt sich immer noch nicht *gleichberechtigt* mit Erziehungs- und „Hausarbeit" – meist ist sie damit *mehr* belastet als ihr Partner (sofern überhaupt vorhanden). Aber was ist das eigentlich? Wie ist Hausarbeit definiert? Was zählt alles zur Hausarbeit und welche Fähigkeiten braucht eine Frau (oder ein Mann), um sie auszuführen?

Unser Leben und unser Selbstwert sind, auch wenn uns dies vielfach nicht klar ist, stark durch die allgemeine Einschätzung der Hausarbeit beeinträchtigt. Erwerbstätige Frauen sind hiervon genauso betroffen wie haupt- und nebenberufliche Hausfrauen.

Viele Männer wollen von Hausarbeit nichts wissen und führen als Argument an: „Ich war doch den ganzen Tag arbeiten!" Ich frage mich dann immer, was deren Partnerin wohl gemacht hat? Was hat eine Hausfrau den ganzen Tag gemacht? Eine Hausfrau ist nicht „arbeitslos", sie ist zwar häufig teilweise oder ganz erwerbslos, das heißt sie verdient nichts, aber Arbeit verrichtet sie trotzdem genug!

Eine Vollzeit-Hausfrau arbeitet und strapaziert ihren Körper, ihren Geist und ihre Nerven. Eine beschränkte Arbeitszeit kennt sie dabei nicht. Die Tätigkeiten einer Hausfrau und Mutter sind vielfältig und erfordern Einsatzbereitschaft, Organisationstalent und viel Kraft. Eigentlich könnte sich fast jede Frau mit solcher Qualifikation um einen Managerposten bewerben! Leider wird dies nicht gesehen!

Warum wird die Arbeit einer Hausfrau beziehungsweise Hausarbeit allgemein, egal von wem verrichtet, nicht anerkannt? Heute scheint es sogar, als gäbe es gar keine Hausarbeit mehr. Es gibt auch keine „Hausfrauen" mehr, es gibt lediglich „Frauen in Elternzeit".

Warum ist es so wichtig, die „Hausarbeit" zu verschweigen? Warum werden die Tätigkeiten im Haushalt nicht mehr gesehen? Werden sie nur verschwiegen, oder existieren sie überhaupt nicht mehr? – Ich und alle Frauen, die ihren Haushalt selbst versorgen, wissen: ES GIBT SIE NOCH, DIE HAUSARBEIT!!!

Die Geschichte des Hausfrauenbildes und die heutige Hausfrauen-Einschätzung zeigen uns, warum nahezu alles zum Thema „Hausarbeit" verdrängt wird.

"Das häusliche Glück"

Es gab neben der klassischen und inzwischen weitestgehend verdrängten Hausfrau auch immer erwerbstätige Frauen. Dienerinnen, Arbeiterinnen und Frauen in sozialen Berufen (Klosterschwestern). Durch das Gewerbe-Bürgertum und soziale Reformbewegungen etablierte sich aber für die Männer eine besondere Idealvorstellung. Die Frau als Hausfrau galt in allen Schichten als Ideal. (siehe Geschichte der Frau) Ein Mann sollte möglichst so viel verdienen, dass seine Frau nicht arbeiten gehen musste.

Berufswünsche der Frauen wurden damit unterdrückt. Als erschwerender Faktor für die Erwerbsbereitschaft von Frauen kam hinzu, dass viele Familien (durch die Industrialisierung und die dadurch gegebene Konzentration von Firmen in Städten) weit weg vom Familienverband in den Städten lebten. Dort fehlte es an sozialen Einrichtungen für die Kinder. Deshalb lebten viele Arbeiterfamilien in den ärmlichsten Verhältnissen, da nur *ein* Einkommen zur Verfügung stand.

Diesem ärmlichen, beschwerlichen Leben einer Arbeiterhausfrau stand das Leben einer Bürgersfrau gegenüber. Das Hausfrauendasein einer Frau des Bürgertums unterschied sich maßgeblich von dem einer Arbeiterin. Die Frau eines angesehenen Bürgers musste weniger selbst im Haushalt arbeiten als die Arbeit organisieren. Sie musste die anfallenden Arbeiten auf die Bediensteten verteilen und standesgemäß auftreten. Sie beschäftigte sich mit den Problemen der „richtigen" Erziehung der Kinder sowie der ordentlichen Ausarbeitung ihrer Handarbeiten.

Das „männliche" Ideal einer „Hausfrau" orientierte sich am Bild jener Bürgersfrau, die die Hausarbeit nur verwalten musste. Real existierten für die Mehrzahl der Menschen nicht die entsprechenden Lebensverhältnisse, um dieses Ideal zu realisieren. Eine Arbeiterehefrau musste meist ums Überleben kämpfen. Sie hatte niemanden, der ihre Aufgaben für sie erledigte, und meist musste sie dennoch auf irgendeine Art dazu verdienen.

Die 10 Gebote des Frau-Seins

Schon früh sah die Kirche die Gefahr, dass der Arbeiterstand durch diese Überlastungen des Lebens „verkommen" würde. Um dieser Gefahr entgegenzutreten, wurde ein Buch für die Arbeiterfrau geschrieben und vertrieben.

Dieses Buch trägt den Titel: „Das häusliche Glück – Vollständiger Haushaltungsunterricht nebst Anleitung zum Kochen für Arbeiterfrauen – zugleich ein nützliches

Hülfsbuch für alle Frauen und Mädchen, die ‚billig und gut' haushalten lernen wollen". Dieses Buch erschien 1881 erstmals und wurde herausgegeben von einer Kommission des Verbandes „Arbeiterwohl". 1882 erschien bereits die elfte verbesserte Auflage (1975 von Rogner & Bernhard neu verlegt).

Im Vorwort zu den praktischen Ratschlägen für den Alltag wird die Arbeiterin auf die „Vorbedingungen des häuslichen Glücks" aufmerksam gemacht. Hier heißt es: „Das wahre ‚häusliche Glück' besteht darin, dass Alle, die zum Hause gehören, Vater, Mutter und Kinder, mit ihren häuslichen Verhältnissen zufrieden sind, ihr Wohlbehagen im Hause finden und am häuslichen Leben ihre Freude haben. Die Hausfrau ist an erster Stelle berufen, das häusliche Glück zu begründen, sie hat es zum größten Theil in ihrer Hand. Drum möge sie sich eifrig bemühen, die im hier folgenden ‚Mahnwort eines Seelsorgers' erläuterten Vorbedingungen desselben zu erlangen, nämlich: die Tugenden, welche der Hausfrau zur Begründung des häuslichen Glücks nöthig sind."

Diese nötigen Tugenden oder Charaktereigenschaften sind unter folgenden Überschriften beschrieben, und sie könnten als die zehn Gebote für die (Arbeiter-)Hausfrau bezeichnet werden:

1 – Sei vor allem gottesfürchtig und fromm!

2 – Hege stets die rechte Liebe zu deinem Manne!

3 – Ertrage die Fehler deines Mannes mit Geduld!

4 – Sei immer aufrichtig und offen gegen ihn!

5 – Lasse niemals Argwohn in dir aufkommen!

6 – Werde immer friedfertiger und sanftmütiger!

7 – Verrichte deine Arbeit mit Fleiß und stets unverdrossen!

8 – Befleißige dich in Allem der Sparsamkeit!

9 – Liebe über alles Reinlichkeit und Ordnung.

10- Halte dich still für dich, möglichst fern von geschwätzigen Freundinnen.

Jeder Überschrift folgt eine kurze Beschreibung dessen, was der Mahnende meint. Am Ende heißt es: „Befolgst du, meine Tochter, diese Mahnworte, die dein Seelsorger an dich als Hausfrau richtet, dann wirst du selber die Quelle des Glücks in deinem Hause. Dein Mann wird stets seine Freude an dir haben und dich stets auf den Händen tragen, weil er fühlt, dass er glücklich wird durch dich. Deine Kinder werden sich glücklich preisen, dass sie in dir ein so treffliches Beispiel der Gottesfurcht und ein so schönes Vorbild der weiblichen Tugend vor Augen haben...“

Wer's glaubt, wird selig! Was bin ich froh, dass ich neulich in einem Zeitungsartikel gelesen habe: „Die beste Mutter ist heute keine, die sich aufopfert, sondern eine, die mit sich selbst in Harmonie lebt.“ Das Frauenbild hat sich gewandelt, aber noch immer beherrschen eingefahrene Bilder unser Bewusstsein. Welcher Mann wünscht sich nicht eine solche tugendhafte Frau, wie oben gefordert? Vieles von dem, was damals von einer Hausfrau verlangt wurde, existiert noch heute in den Köpfen – nicht nur bei den Männern. Zum Beispiel erzählte mir eine Frau zum „10. Gebot“ folgendes: Als sie sich scheiden lassen wollte, entgegnete ihr Mann: „Das hast du nur von deinen Freundinnen, die haben dir das eingeredet, ohne die würdest du dich nie scheiden lassen wollen.“ (ungefährer Wortlaut)

Auch heute noch existiert die Vorstellung, dass eine Frau allein nicht zu Entscheidungen fähig ist (denn nur deshalb braucht sie den Zuspruch „geschwätziger Freundinnen“). Auch wird noch immer viel mehr Nachsicht, Hingabe und Aufopferung von ihr erwartet als von Männern. (Dies ist schon in der Erziehung verankert!)

Als ich die „Gebote“ zum ersten Mal las, haben sie mich unheimlich betroffen gemacht. Was wurde hier nahezu Unmenschliches von unseren Vorfahrinnen verlangt! Stellen Sie sich doch einmal die Armut, den Dreck und die Not vor, die zur Wende des 19. zum 20. Jahrhundert noch herrschten. Gerade die Arbeiter lebten in nicht menschenwürdigen Unterkünften. Viele Familien lebten in nur einem Zimmer, hatten keine Toilette, keine Küche, vorm Haus keine Kanalisation usw., – und dann diese 10 Gebote!

Von was für einem Frauenbild gingen solche Vorstellungen aus?

Die Frau durfte keinen eigenen Willen, keine eigene Persönlichkeit haben. Sie sollte die Fehler ihres Mannes ertragen – aber was war, wenn er ihre Fehler nicht ertrug? Sie sollte offen und aufrichtig gegen ihn sein – auch wenn er sie hinterging? Was war das für ein Frauenleben?! Wie sollte eine Frau in einer solchen Lebenssituation immer „friedfertiger und sanftmütiger" werden, wenn sie sich nicht selbst aufgab – aufopferte? Die 10 Gebote beschreiben, was vielfach noch heute unter „Mütterlichkeit" beziehungsweise „Weiblichkeit" verstanden wird: *aufopfernde Fürsorglichkeit*. Doch dieses völlig überzogene und deshalb falsch gedeutete Verständnis von Weiblichkeit, welches mit Selbstaufgabe, völliger Aufopferung und damit mit Unterdrückung des eigenen ICH einhergeht, ist strikt abzulehnen.

Der Verlust der eigenen Persönlichkeit, die völlige Auflösung eigener Identität – ALLES wurde damals verlangt, aber nichts honoriert!! Eine solche Lebenssituation emotional zu ertragen ist ausschließlich dann möglich, wenn die eigene Emotionalität verdrängt, wenn das Leben ausgehalten, statt gelebt wird. Genau dies ist auch heute das Problem. Allerdings beschränkt es sich nicht mehr ausschließlich auf die Frau im Haushalt. Immer mehr Menschen müssen immer mehr in ihrem Leben aushalten. Wir leben heute nicht mehr mit dem „männlichen" Ideal einer „Hausfrau", die sich für die Familie aufopfert. Wir leben aber mit dem männlichen Ideal eines finanziell erfolgreichen Lebens in Überfluss und Reichtum. Real existieren für die Mehrzahl der

Menschen aber nicht die entsprechenden Lebensverhältnisse, um dieses Ideal zu realisieren. Viel zu viele und immer mehr Menschen müssen ums finanzielle Überleben kämpfen. Sie müssen jeden Tag aufs Neue aushalten, dass sie nach den gesellschaftlichen Maßstäben versagt haben oder zu versagen drohen. Um trotz Aushalten weiter machen zu können, wird dieses Aushalten im emotionalen Empfinden verdrängt. Doch Emotionalität lässt sich nicht einseitig beschränken. Wo negative Gefühle betäubt werden, werden auch positive unmöglich – die Emotionalität als Ganzes wird taub. Auch da, wo die finanziellen Möglichkeiten ausreichend oder weit darüber hinaus gegeben sind, ist Überlebenskampf vielfach allgegenwärtig – schließlich will erhalten sein, was vorhanden ist, oder es soll noch mehr zusammengerafft werden. So wird nahezu jeder Mensch genötigt, zugunsten der Arbeitswelt, zugunsten von Wirtschaft und Wirtschaftlichkeit die eigene Persönlichkeit um Emotionalität zu beschneiden. Am Ende funktioniert ein solch emotional verkümmerter Mensch nur noch, sie oder er ist gar nicht mehr in der Lage, das eigene Leben zu leben – *denn Leben bedeutet, das, was täglich geschieht, zu empfinden*. Dabei wird den Menschen subtil vermittelt, sie wollten diese Form des Lebens genau so, denn sie folgen ja aus freien Stücken dem Must-Have-Charakter unserer Zeit. Die Tatsache der Unterdrückung von Stress und Frust, der sich aus dem geschürten Bedürfnis nach Immer-Mehr ergibt, wird nicht thematisiert.

"Kampf" gegen Windmühlen

Ganz anders verhielt es sich mit dem Persönlichkeitsverlust als Frau im Haushalt. Dieses Problem wurde schon recht früh von der sogenannten „Hausfrauenbewegung" erkannt. Schon 1926 wurde ein Buch dieser Bewegung veröffentlicht, das sich jener Problematik annahm. Ich möchte einiges aus dem ersten Kapitel dieses Buches zitieren. Dies hat zwei Gründe: 1. Das Buch ist leider nicht mehr im Handel erhältlich. 2. Es scheint mir verwunderlich, dass die formulierten Forderungen auch heute noch Gültigkeit haben, obgleich sie doch längst erfüllt sein könnten.

Aus Platzgründen habe ich den Text von Dr. Erna Meyer: „Der neue Haushalt – Ein Wegweiser zu wirtschaftlicher Hausführung" etwas gekürzt: „Die Ehe wird heute nicht mehr als der Hafen empfunden, in den der Mensch nach den Irrfahrten der Jugend einläuft, um darin auszuruhen. Auch die Frau beginnt sich bewusst zu werden, dass die Führung des Hauses nicht mehr wie einst eine stete und sichere, ihr Halt bietende Gegebenheit ist, sondern ein noch zu gestaltendes Problem, eine Aufgabe, die auf ihre Lösung durch die Frau wartet...

...Hier muss uns die Feststellung genügen, dass die Aufgabe der Hausführung sich in der Gegenwart für die meisten als unlösbar erwiesen hat, und zwar gleichmäßig in allen Schichten der Gesellschaft. Es ist gleichgültig, ob es sich um die Nur-Hausfrau der Reste des Mittelstandes handelt, die durch den Mangel an Hilfskräften, zu unentrinnbar-geistloser Arbeit mit Scheuerlappen und Staubtuch verurteilt, in den ‚Muße-stunden' vor den nie leer werdenden Flickkorb verbannt ist, oder um die mitverdienende Berufsfrau des Proletariats (auch der geistigen Arbeiter), die durch den Doppelberuf der Hausversorgung und durch das Herbeischaffen der notwendigsten Unterhaltsmittel übermüdet und abgemattet in völlige Stumpfheit versinkt. Nur-Wirtschafterin auf der einen, Galeeren-sklavin auf der anderen Seite! Wo aber blieb der Mensch, wo eine für die Frau allein in Frage kommende Offenbarung in höchstem Weibtum? Es ward begraben unter dem grauen Schutt des Alltags, zum Schaden nicht nur für die Frau, sondern auch für die sich um sie scharende Familie und damit für die Gesellschaft überhaupt.

In einer ganzen Reihe von Büchern und Vorträgen ist schon ausführlich dargelegt worden, wie unhaltbar der jetzige Zustand des vollkommenen Untergangs der Frau in erstickender Alltagsarbeit ist. Die Führerinnen der Frauenbewegung, vor allem die der Berufsorganisation der Hausfrauen, haben immer und immer wieder die ungeheure ethisch-kulturelle Bedeutung dieses Problems unterstrichen.

Seine Aufrollung bedeutet nicht etwa, dass die Frau, ihrer Arbeit überdrüssig, aus Faulheit oder Müdigkeit hinwirft, was ihr zu tragen unbequem geworden. Der Sinn ist vielmehr, dass die Frau auch auf dem ihr eigensten Gebiet der Hausführung zu erwachen beginnt zum Sehnen und Suchen ihres eigenen Wesens, ihrer bisher meist noch schlummernden Persönlichkeit. Darum wird mit Recht betont, dass die Hausfrauen-bewegung eine geistige Bewegung ist. Mag es der Masse der Außenstehenden noch so schwer fallen, mit dem peinlich auf ‚Waschtag‘ und ‚Großreinemachen‘ erinnernden Begriff ‚Haushalt‘ etwas Geistiges zu verbinden, nicht oft genug kann diese Seite der Sache wiederholt und unterstrichen werden.

...Zu sich selber kommen, zum eigenen Wesen vordringen, es ganz erfüllen, und dann Glied zu sein und Diener an einer großen Gemeinschaft in irgend-einer noch im Zukunftsschoße ruhenden Form – das ist Sehnen und Aufgabe auch der Hausfrau!

...‚Entfaltung‘ der Frau bedeutet uns nicht faul werden, sondern Zeit- und Kraftgewinn für die wichti-gere und schwerere Arbeit an uns selbst und für die anderen. Arbeit heißt also weiter unser Schlachtruf, aber: nicht im Tageskram verzetteltes, an Unwichtigstes hingehängtes, kleinliches Sklaventum, sondern ernste, große, verantwortungsbewusste Arbeit, die kein Joch sein kann, weil sie durch ihren geistigen Gehalt zu un-geahnter innerer und darum notwendig auch äußerer Befriedigung beflügelt!

...Um aber zu bändigen, was uns bisher im Bann hielt (die Masse an Arbeit), müssen wir vor allem ein ernsthaftes Können erwerben. Wir sollten Meister werden von überlegenem Geist und so sicherer Technik, dass unsere Arbeitsleistung nicht nur erreicht, sondern übertrifft, was in anderen Berufen von Mann oder Frau geleistet wird.

Denn jedes Haushalten fordert vom weiblichen Gehirn, dass es sich selbst jederzeit vielteile. ... Geradezu erschütternd ist die Unsumme von Klein- und Großarbeit in jedem kinderreichen Haushalte. Die Hausfrau und Mutter muss sich anpassen und umwandeln können in jedem Augenblicke. Eben noch Nur-Mutter, soll sie in nächster Minute vielleicht ausschließlich Köchin sein, oder Pflegerin, Näherin oder Wäscherin. Sie kann bei keiner Tätigkeit in rechter Hingabe verweilen. Für jede getilgte Pflicht wachsen zehn neue herauf. Sie sieht nie ein Ende. ... Es gibt keine Ruhe noch Sammlung für die Frau, ihr Dasein ist ein Gespaltensein, ein Feuerwerkern zwischen gegensätzlichen Pflichten und Anforderungen an den Verstand, an Herz und Gemüt' (Scheurmann).

Die Frau, die solches Chaos beherrscht, die nicht daran zerschellt, nicht sich selbst verliert und darum auch nicht ihre Lieben – die darf sich als Meisterin des Lebens fühlen.

... Nicht der Stoff ist das Schwierigkeiten bereitende, im ‚Wie' allein steckt das Problem, im Geist, der hinter allem Können steht und der allein hinaushebt über das Furchtbarste, Wesenzerstörende: den Dilettantismus.

Wächst die Frau über diesen erst hinaus, dann gewinnt sie, was ihr am bittersten nottut: die Selbstachtung und damit die Achtung vor dem eigenen Tun. Mit dieser Achtung, mit dem Bewusstsein ihrer Verantwortlichkeit und ihres eigenen Könnens, erringt die Frau für sich selbst die Freude an ihrer Arbeit. ... Ist sie selbst einmal so weit, dann kann auch die Achtung der anderen, draußen Stehenden nicht mehr ausbleiben,

und die bisher fehlende, schmerzlich vermisste Anerkennung des Hausfrauentuns als ernstester Berufs-
arbeit wird sich kampflos einstellen.

... *Unabsehbar sind die Folgen gesellschaftlicher,
rechtlicher und wirtschaftlicher Art, die sich aus der
geistig-seelischen Entwicklung der Hausfrau, aus der
damit einhergehenden Selbstachtung und ihrer Einschätzung durch die anderen ergeben.*

... Eigene Arbeit gilt es zu leisten, eigenes Denken,
Fühlen und Handeln soll geweckt und zu eigenem
Können entwickelt werden. Nur wenn ‚Kopf, Herz und
Hand durch zweckvolle Arbeit zu einer Ganzheit
gebildet sind' (Pestalozzi), kann von schöpferischem
Geist die Rede sein. Nicht also Belehrung zu bieten im
Sinne eines Vor- und Nachmachens, sondern *die Mittel
zur Selbst-Erziehungsarbeit zu geben, ist die Absicht
dieses Buches.*"

Diesem Ziel möchte ich mich mit meinem Buch
anschließen!!!

Als das zitierte Buch veröffentlicht wurde, gab es
noch keine oder nur wenig maschinelle Hilfe für die
Hausfrau. Trotzdem betont die Autorin, dass es nicht
nur um die technische Erleichterung der Arbeit,
sondern um weitreichenderen praktischen Umgang mit
Hausarbeit geht: „Durch Vereinfachung des ganzen
Hausgetriebes vor allem müssen wir dafür sorgen, dass
die Maschinen, wenn sie uns einmal beschert werden,
nur noch möglichst wenig zu tun finden (der Staub-
sauger wird überflüssig in der keine Staubansamm-
lungsmöglichkeiten bietenden Wohnung!)."

Leider kann ich nicht, wie Frau Erna Meyer,
Vorschläge zu praktischer Einrichtung oder Ver-
wendung von besonderen Schränken, Töpfen und
dergleichen machen. Es würde zu weit führen, alle
Möglichkeiten der Arbeits- und/oder Zeitersparnis
aufzuführen.

Neben praktischen Arbeitsutensilien ist gleichfalls
ein neues Selbstbewusstsein gefordert! Dieses ist die

Basis einer neuen Arbeitsweise. Am Umgang mit der Zeit allgemein möchte ich an späterer Stelle verdeutlichen, wie tiefgreifende Veränderungen in unserem Bewusstsein auch praktische Auswirkungen haben.

Zuerst möchte ich aber noch einmal darauf zurückkommen, dass die Veränderungen, wie sie die Hausfrauenbewegung forderte, bis heute nicht, oder nur falsch verstanden, eingetroffen sind. Unsere Vorkämpferinnen in Sachen Gleichberechtigung hatten erkannt und eingefordert, was viele Frauen der Emanzipationsbewegung verdrängt haben. Es geht nicht um die Verherrlichung von Hausarbeit und Hausfrauendasein. Es handelt sich nicht um einen Appell: „Frauen zurück an den Herd!" – Aber da diese Arbeit nun einmal existiert, geht es um eine allgemeine Anerkennung dieser Arbeit und um einen befriedigenden, erleichternden Umgang damit, der uns in unserer Selbstachtung stärkt und uns ein aus-geglichenes, glückliches Frausein ermöglicht. Hausarbeit gehört nicht verdrängt, sondern „richtig" verarbeitet und geachtet und in bestehenden Partnerschaften gerecht aufgeteilt!

Es geht um das „Wie"! Wie erledigen wir unsere Arbeit, und wie fühlen wir uns dabei? Sicherlich hat sich seit 1926, von außen betrachtet, sehr viel an der Hausarbeit verändert. Teppiche werden nicht mehr ausgeklopft, sondern staubgesaugt. Windeln werden nicht mehr ausgekocht, sondern in die Waschmaschine gesteckt (oder durch Einmal-Höschenwindeln ersetzt und in den Müll geworfen) – Doch ist Haus- und Erziehungsarbeit deshalb wirklich weniger geworden? Haben wir es geschafft, die „Staubansammlungs-möglichkeiten" der Wohnung zu verringern? Nein! Vielmehr haben wir uns überall in der Wohnung Teppichboden aufdrängen lassen und, statt einmal im Jahr Teppiche auszuklopfen, müssen wir nun täglich Teppiche staubsaugen. Während früher jeder nur wenige Wäschestücke besaß – Arbeitskleidung für die Woche und ein Kleid für den Kirchgang -, besitzt heute jedes Familienmitglied eine Unmenge an Wäsche-stücken. Da es die Hygiene verlangt, wird täglich die Wäsche gewechselt, und in aller Regel hat die Frau dann den Wäscheberg zu bewältigen. Zwar wäscht die Maschine, aber wer sortiert, hängt auf und ab, legt zusammen, bügelt, sortiert wieder und verteilt in die Schränke? Die Maschine sicherlich nicht! Wie das Wäschebeispiel verdeutlicht, ist in vielen Bereichen im Haushalt zur Entlastung auch eine Mehrbelastung hinzugekommen. Es ist nicht schwierig, den eigenen Haushalt unter diesem Gesichtspunkt unter die Lupe zu nehmen. Versuchen Sie es einmal!

Die vermeintliche Erleichterung durch die Mecha-nisierung des Haushalts hat die Frauen nicht nur entlastet. Sie hat auch neue Arbeiten geschaffen und dabei der Achtung und Wertschätzung der Arbeit geschadet. Denn im Bewusstsein der Menschen sind alle möglichen Tätigkeiten der Frau im Haushalt durch Maschinen scheinbar ersetzt worden. Neben der Waschmaschine gibt es den Trockner. Zum Spülen ist die Spülmaschine da. Die Kaffeemaschine ersetzt das Kaffeeaufbrühen. Näh- und Strickmaschine erleichtern die Handarbeiten. Der Schnellkochtopf erspart lange Garzeiten. Der Eierkocher kontrolliert selbst die Gar-zeiten. Der Mixer erledigt die kräftezehrenden Hand-rührarbeiten. Küchenmaschinen raspeln, schnetzeln, schneiden und die Frau schont ihre Hände. Küchen-arbeit und auch andere Hausarbeiten scheinen auto-matisiert – die Hausarbeit allgemein hat sich damit scheinbar in Luft aufgelöst. Gerade dieser Aspekt wurde von der *Werbung* stark unterstützt. Dies habe ich im Kapitel „Die Frau in der Werbung" dargelegt.

Wenn ich das bisher Gesagte zusammenfasse, so ergibt sich das folgende Bild der Frau unserer jüngeren Geschichte: Unterstützt durch die Werbung entwickelte sich die Vorstellung, dass eine Frau nur dann einen Eigenwert hat, wenn sie in der Lage ist, neben Familie und Haushalt auch noch erwerbstätig zu sein. Die sogenannte Emanzipationsbewegung nahm diesen

Gedanken auf und führte auf dieser Basis zu einer eindeutigen Fehlentwicklung. Die Frauen befreiten sich nicht von ihren gesellschaftlichen Fesseln, sondern legten sich noch mehr Fesseln an. Die Emanzipation führte zu der Zwangsvorstellung, dass eine Frau ausschließlich dann emanzipiert ist, wenn sie die berufliche Karriereleiter emporsteigt. An einer Anerkennung der weiblichen Fähigkeiten (Schwangerschaft, Stillen, Weiblichkeit) und an notwendigen Veränderungen geschichtlich gewachsener Rollenbilder arbeitete die Emanzipationsbewegung vorbei.

Diese Situation belastet heute nicht nur die Frauen durch ihre Doppelbelastung in Haushalt und Beruf. Letztlich „leidet" die ganze Gesellschaft. Die Scheidungsrate liegt heute schon bei über 40%, wobei die leidtragenden Kinder nicht vergessen werden sollten.

Es geht aber nicht darum, die Frau wieder auf den Haushalt zu beschränken. Es geht darum, neue Wege zu finden, um Haus- und Erwerbstätigkeit wirklich, nach den Bedürfnissen beider Partner, aufzuteilen. Dort, wo die Frau jedoch Voll- oder Teilzeit-Haustätige ist, sollte ihr und ihrer Tätigkeit mehr Achtung und Anerkennung zukommen. (Anregungen hierzu in späteren Kapiteln)

Wenn wir die Geschichte des Frauenbildes in wenige zentrale Aussagen zusammenfassen wollen, dann müssen Begriffe wie „unterdrückt, nicht anerkannt, unterschätzt und verdrängt" angewendet werden.

Die Arbeiterhausfrau des beginnenden 19. Jahrhunderts wurde angehalten, sich aufzuopfern, sich hinter und mit ihren Aufgaben selber ihrer Persönlichkeit zu berauben. Obgleich die Hausfrauenbewegung schon früh die Probleme des fehlenden Selbstwertgefühls und der fehlenden Anerkennung erkannte, hat sich in diesen Punkten keine grundsätzliche Änderung eingestellt. Die Situation hat sich eher noch verschlimmert, da es seit den siebziger Jahren des vergangenen Jahrhunderts um die Hausfrau und die Hausarbeit sehr still geworden ist. Es gibt beides scheinbar nicht mehr!

In der Weihnachtsausgabe des Kölner Stadt-Anzeigers von 1991 wurde ein Artikel unter folgendem Titel veröffentlicht: „Gepriesen, begehrt und benötigt – aber niemals richtig anerkannt. Sind Hausfrauen immer noch ‚Berufstätige' zweiter Klasse? – Männer streiken weiter – Arbeit im Heim und am Herd ist angeblich unbezahlbar." Die Überschrift verdeutlicht schon, worum es in dem Artikel geht. Auch heute noch ist Hausarbeit nicht anerkannt (dies auch weitere fast 25 Jahre später!). Auch heute noch kämpfen Frauen für die Anerkennung dieser ihrer Arbeit – nicht nur, wenn sie Vollzeit erledigt wird, sondern auch dann, wenn sie neben der Erwerbstätigkeit zu bewältigen ist. Noch immer wird Hausarbeit nicht wahrgenommen – oder nur, wenn sie schlecht oder gar nicht geleistet wird. Zwar besteht die Einschätzung, dass Hausarbeit angeblich unbezahlbar ist, aber trotzdem wird sie ganz selbstverständlich *nicht* bezahlt. Der Wert dieser Arbeit wird nur dann ermessen, wenn die Hausfrau ausfällt und eine Haushilfe bezahlt werden muss. Noch immer helfen die Männer zu wenig – denn trotz ihrer Erwerbstätigkeit leisten Frauen noch durchschnittlich etwa 20 Stunden Hausarbeit in der Woche, wobei sich die Partner noch immer viel zu stark zurückhalten. In unserer modernen Zeit wird alles im Internet recherchiert. Googeln Sie doch mal „Hausarbeit" – sie werden alle möglichen Tipps, wie sie für die Uni oder die Fachhochschule eine Hausarbeit schreiben können, erhalten – das Thema Hausarbeit im Haushalt werden Sie vergeblich suchen! Wenn Sie „Hausfrau" googeln, erscheinen neben der Wikipedia-Erklärung zum Begriff vor allem Shop-Seiten und dann einige Artikel, die 2012 erschienen. Aktuelle Artikel konnte ich nicht finden!

Frau-Sein zwischen Selbstaufgabe und Egoismus

Wenn wir all diese Punkte als Anhaltspunkte für unser Selbstwertgefühl verwenden wollen, dann kommt für das Dasein als Frau nicht viel Positives zusammen. Auf die nun einmal notwendige Hausarbeit fokussiert, wird diese nicht gesehen, nicht bezahlt, nicht gelobt – also ist sie nichts wert! Somit ist die Existenz als Hausfrau nichts wert! *Hausfrau sein bedeutet: eine wertlose, ausgebeutete Existenz führen!?*

Unter diesen Umständen ist es kein Wunder, dass viele Frauen sich nicht gern als Hausfrau sehen wollen und in eine Erwerbstätigkeit streben – wobei dann die dennoch zu verrichtende Hausarbeit ausschließlich als zusätzliche Belastung empfunden und damit zum psychologischen Fallstrick werden kann.

Gleichzeitig ist es nur selbstverständlich, dass eine Gesellschaft, die den Wert eines Menschen an seinem Einkommen misst, die Hausfrau gänzlich aus dem gesellschaftlichen Bewusstsein zu verdrängen versucht. In einer Zeit, in der die Erwerbstätigkeit so hoch geschätzt wird, kann das Hausfrausein nicht als *Beruf* anerkannt werden. Vielmehr muss es als Zustand einer Zeitphase betrachtet werden. Die Frau ist nicht mehr Hausfrau und damit bis zum Lebensende für die Familie *erwerbslos tätig*, sondern sie ist eine Frau in der Familienphase. Sie ist nur übergangsweise erwerbslos. Meist ist sie in der Folgezeit nur Teilzeit beschäftigt, erwirbt sich damit also einen meist eher geringen Rentenanspruch. Wird sie dann geschieden, bekommt sie zwar einen Rentenausgleich für die Zeit der Ehe, aber am Ende bleibt für viele Frauen mit geringen Einkommen die Perspektive der Altersarmut. Dies ist nicht unbedingt eine motivierende Zukunftsperspektive!

Zurzeit sind unsere Lebensbedingungen meist so ge-staltet, dass „Zwangsentscheidungen" nach vernünftigen Gesichtspunkten (Geld) meist die Frauen zur Haus- und Familienarbeit einteilen. Die Gesellschaft, das heißt wir (alle) sollten unsere Partner und die Politik dazu anhalten, dass freie Entscheidungen möglich werden. Das gegenwärtige Elterngeld mit seinen Rentenansprüchen ist zwar ein respektabler Ansatz, der jedoch zur Behebung des gegebenen Problems bei weitem nicht ausreicht.

Ich glaube zwar optimistisch daran, dass es einmal zu einer wirklichen Gleichstellung von Familien- und Erwerbstätigkeit kommen wird, aber ich bin realistisch genug, zu wissen, dass dies noch eine ganze Weile dauern wird. Es sollte nicht nur um die gleichberechtigte Integration der Arbeitskraft der Frau in die Arbeitswelt, sondern auch um die gleichberechtigte Integration der Arbeitskraft des Mannes in die Familienplanung gehen – auf Basis einer Gleichbehandlung von Weiblichkeit und Männlichkeit. Bis es soweit ist, kann es vorerst „nur" um das emanzipierte Frausein im gegebenen Rahmen, mit oder ohne Erwerbstätigkeit, gehen.

Äußere und psychologische Bedingungen

Im historischen Abriss sollte deutlich werden, dass das Frausein im Lebenslauf durch die Lebenspunkte Jugend (Mannsuche), Haushalt (Kinder gebären), im Haushalt alt werden geprägt war. Heute reden wir von der Jugend (Berufsausbildung), der *Familienphase* (Erziehungszeit), dem Wiedereinstieg in den Beruf und dem Rentenalter.

Wir nehmen heute an, dass die Versorgung der Familie nur in einer Übergangsphase intensiv, das heißt als Vollbeschäftigung, nötig ist. Maximal zwölf – beziehungsweise, wenn der Vater auch zwei Monate Elternzeit in Anspruch nimmt, vierzehn – Monate wird Elterngeld bezahlt. Danach soll der Rechtsanspruch auf einen Hortplatz die Möglichkeit der Erwerbstätigkeit beider Eltern sicherstellen. Diese Elterngeld-Phase wird als Familienphase, die ein Ende haben wird, erachtet. Psychologisch gesehen ist damit das Problem eines potenziellen Minderwertigkeitsgefühls in der Familienphase etwas relativiert. Gesellschaftlich ist ein zeitweises Aussetzen für Kinder und Familie anerkannt und wird auch staatlich durch Elterngeld und Rentenanrechnung honoriert. Die Frau ist in dieser Phase auch keine Hausfrau, sondern eine Frau in Elternzeit! Doch diese neue Sichtweise hat gesellschaftlich betrachtet auch einen negativen Einfluss auf eine notwendige Entwicklung zu wirklicher Gleichberechtigung. Dies liegt vor allem daran:

- Frauen sehen sich nach der Geburt von Kindern gezwungen, baldmöglichst wieder berufstätig zu sein. Diese Zwangsvorstellung ist bereits soweit gediehen, dass allgemein die Einschätzung vorherrscht, Frauen könnten ohne Erwerbstätigkeit, auf Kinder und Familie konzentriert, nicht glücklich werden. Frauen trauen sich schon gar nicht mehr, sich ein Leben ohne Erwerbstätigkeit vorzustellen oder gar zu wünschen.

- Da die Elternzeit-Phase eher den Frauen zugesprochen wird, sind die Männer wieder von ihrer möglichen (gleichberechtigten) Familien- und Versorgungsmöglichkeit befreit. Männer werden weiterhin davon abgehalten, sich ein Leben als Vollzeit-Vater vorzustellen oder gar zu wünschen. Die Chance, dass sich der Arbeitsmarkt und die Arbeitszeiten familienfreundlicher entwickeln, schwindet wieder.

- Es wird die Vorstellung geschürt, dass das bisschen Haushalt und die Kindererziehung sich einfach mal so, neben der Erwerbstätigkeit, „erledigen" lassen. Kinder und Haushalt werden zu einer Nebensache degradiert – die Folgen dieser Fehleinschätzung sind bereits spürbar und werden immer mehr zum Problem. Durch die klassische Doppelbelastung werden immer mehr Menschen körperlich und psychisch überlastet und krank. Die Zahl der durch Doppelbelastungen an Angstzuständen, Schlafmangel, Depression und Burnout leidenden Frauen ist in den letzten Jahren um ein Drittel gestiegen. Da es gleichzeitig immer weniger Kinder gibt, wird in der Gesellschaft immer weniger auf Kinder eingegangen. Da die Eltern immer mehr mit der Existenzsicherung beschäftigt sind, verlieren auch sie die Kinder aus den Augen oder sind einfach völlig überlastet. Öffentliche Institutionen sind aber nicht darauf eingestellt, den Verlust elterlicher Erziehungsarbeit auszugleichen. Die Kinder werden sich selbst und/oder den modernen Medien überlassen. Eine stetig steigende Zahl hyperaktiver oder gar sozial und psychisch gestörter Kinder ist die Folge. Da wundert es nicht, wenn vor einem Restaurant ein Schild aufgestellt wird, auf dem empörte Eltern lesen können: „Keine Kinder und Hunde!"

- Die Elternzeit-Phase wird weniger „gelebt" als vielmehr „hinter sich gebracht", was sicherlich für alle Beteiligten negative Folgen hat – zumal die Elternzeit ja real nicht nach zwölf beziehungsweise vierzehn Monaten endet!

Ich sehe es als Aufgabe, die Haus- und Erziehungstätigkeit als positiven Lebensbereich darzustellen. Haus- und Familienarbeit ist anspruchsvolle „Arbeit", die jeden Menschen mit Freude und Stolz erfüllen kann. Sie sollte nicht zu Minderwertigkeitsgefühlen führen. Um zu verdeutlichen, welche negativen Aspekte und Gefühle uns bei unserer Bewertung dieser Arbeit leiten, möchte ich hier einige zusammentragen:

Problembereiche in diesem Zusammenhang sind die *Rentenregelung* und das fehlende *Arbeitsrecht* für Haustätige. Hier ist der Gesetzgeber gefordert. Zu den äußeren Bedingungen:

- Rentenregelung: Frauen und Männer können Elterngeld und Rentenpunkte für die Erziehungsleistung beantragen. Wer jedoch wegen der Kinder über Jahre in Teilzeit erwerbstätig ist, verzichtet auf weitaus mehr Einkommen und Rentenansprüche, als durch diese Regelungen ausgeglichen werden – hier sind Nachbesserungen nötig, um Altersarmut vorzubeugen.

- Verheiratete und ledige Erwerbstätige erhalten beim Eintritt ins Rentenalter zurzeit noch 51 Prozent ihres Lebensdurchschnittslohns (dieser Anteil war einmal 65 bis 70 Prozent, je nachdem ob Rentner oder Pensionär und wird schrittweise bis 2030 auf 43 Prozent sinken!). Stirbt jedoch ein verheirateter Rentner, so erhält dessen Witwe nur noch 60% der eigentlichen Rentenauszahlungen. Wenn beide Ehepartner erwerbstätig waren, sind diese 60% geschenktes Geld (denn sie sind zur finanziellen Absicherung einer nicht erwerbstätig gewesenen Frau gedacht); war die Witwe wegen der Erziehung von Kindern nicht erwerbstätig, wird die gesetzlich verankerte Gleichheit von Erwerbs- und Hausarbeit durch die Kürzung auf 60% unterlaufen! Dies muss geändert werden.

- Jede Arbeitnehmerin hat bei Krankheit ein Recht auf Erholung zur Wiederherstellung der Arbeitskraft – ausschließlich eine Vollzeit-Hausfrau nicht! Fällt eine Hausfrau und Mutter durch Krankheit aus, so ist meist ein Versorgungsengpass die Folge. Ein früher mögliches „Einspringen" der Großeltern ist heute meist nicht mehr möglich – entweder leben die Familien aufgrund der Arbeitsmobilität weit voneinander getrennt, oder die Großeltern gehen ihre eigenen Wege und sind deshalb nicht bereit oder nicht in der Lage, auszuhelfen. Ein indirekter „Krankenschein" ist für Mütter ausschließlich durch die Familienurlaubstage des Mannes und das Recht auf eine, von der Krankenkasse bezahlte, Haushilfe gegeben. In der Praxis steht es jedoch schlecht um diese beiden Möglichkeiten. Was die Familienurlaubstage betrifft, so sind diese schnell aufgebraucht. Was das Recht auf die Haushilfe angeht, so wissen viele Frauen davon nichts oder sie scheuen den aufwendigen Schriftverkehr, der bei der Beantragung nötig ist. Außerdem ist es im Krankheitsfall, der ja meist unerwartet eintritt, nahezu unmöglich, eine Haushilfe zu bekommen. Zwar bieten vielerorts karitative Hilfsdienste Hilfestellungen für Familien an, – diese sind jedoch meist völlig überlastet. Mein Tipp hierzu: Mütter und/oder Freundinnen können sich viel gegenseitig helfen! Häufig scheuen sich die Frauen aber, ihre viele Arbeit jemand anderem zuzumuten. Wenn sie aber ihr Gewissen dadurch beruhigen, dass sie ihrer Freundin diese „Zumutung" bezahlen können, so erfährt diese Hilfe auch einen Gegenwert. Lassen Sie sich Ihre Krankheit von Ihrer Ärztin durch ein Attest bestätigen, übergeben Sie Ihre Kinder und die Hausversorgung einer Freundin und legen Sie sich ins Bett. Beantragen Sie bei Ihrer Krankenkasse die Kostenerstattung für eine Haushilfe – dieser Betrag steht Ihrer Freundin/der Bekannten zu! Eine verschleppte Krankheit kann auch bei Hausfrauen zu schweren Folgen führen. – Also: nutzen Sie Ihr indirektes Recht auf einen Krankenschein!

Aber auch andere Bedingungen scheinen der Attraktivität einer Vollzeit-Haustätigkeit entgegen zu stehen. Wenn Frauen in die Familienphase eintreten, bedeutet dies meist:

1. die Aufgabe des Arbeitsplatzes oder einen Karriereknick und/oder zumindest Einbußen beim Einkommen und den Rentenansprüchen. Frauen sind bereit, ihre finanziell entlohnte Lebens-arbeitsleistung zugunsten der Kinder oder zugunsten des Prestigedenkens des Mannes („Meine Frau braucht nicht zu arbeiten") zu verringern oder gar aufzugeben;

2. die Konzentration auf die Familie, wodurch sich eine zeitliche und räumliche Abhängigkeit ergibt;

3. den Verlust von Kontakten zu außerfamiliären Beziehungen, zu Freundschaften, die vorher bestanden;
4. die Aufgabe eigener Interessen und/oder Hobbies und dergleichen, da hierzu die Zeit fehlt;
5. den allmählichen Verlust geistiger Kapazitäten;
6. die finanzielle Abhängigkeit vom Mann oder gar von Hartz IV;
7. das Schwinden des Ich-Bewusstseins, da dieses meist mit Egoismus gleichgesetzt wird. Egoistisch zu sein, gehört sich nicht für eine „gute" Mutter und/oder Partnerin.

Hinzu kommen noch psychologische Schwierigkeiten, die sich in dieser Weise kaum in anderen Berufen finden. Psychologische Schwierigkeiten sind:

1. Die Arbeit im Haushalt orientiert sich überwiegend an den Bedürfnissen von anderen. Immer wieder hören wir: „Mama, kannst du mal..." – Dies bedeutet auch ein Zurückstecken eigener Bedürfnisse.
2. Das, was wir tun, ist monoton, tagein tagaus wiederkehrend, wobei die Tätigkeiten ohne eine Perspektive baldiger Veränderung sind: – Wäscheberge ohne Ende, immer wieder kochen, immer wieder Geschirrberge usw.
3. Die Tätigkeiten sind meist nicht erfolgreich abzuschließen, das heißt: fast alles, was wir tun, ist nicht von langem Bestand: Saubere Wäsche ist bald wieder schmutzig, Essen ist im Nu gegessen, sauberes Geschirr gleich wieder dreckig usw.
4. Die Arbeit ist nicht nur erfolglos, sondern auch anerkennungslos. Meist wird nicht gesehen, was wir alles getan haben. Wenn etwas gesehen wird, dann nur das, was wir gerade mal *nicht* getan haben!
5. Während jede erwerbstätige Arbeitnehmerin den Arbeitsplatz am Ende der Arbeitszeit verlassen kann, findet die Hausarbeit dort statt, wo das Privatleben stattfindet – die Arbeit ist Teil des Lebensbereichs.

Mit diesen psychischen Belastungen so umzugehen, dass sie das ohnehin schon geschwächte Selbstwertgefühl nicht weiter schwächen, ist nicht leicht.

Natürlich ist eine Lebensphase (Elternzeit) beziehungsweise die Hausarbeit, die scheinbar mit so viel Verlust und Schwierigkeiten verbunden ist, nicht wünschenswert! Aber dieser Verlust und diese Schwierigkeiten müssen nicht sein! Unser Leben muss durch die Familiengründung und die lästige, dazu gehörige Hausarbeit nicht so einschneidend belastet werden, wie es früher üblich war und leider vielfach noch üblich ist.

Gehen wir Punkt für Punkt durch:

Zu den Punkten 1-7:

zu 1. Aufgabe des Arbeitsplatzes und/oder finanzielle Einbußen:

Wenn eine Frau ein Kind erwartet, so hat sie heute einen Anspruch auf Elternzeit und Elterngeld. Für diese Zeit ist ihre Arbeitsstelle gesichert. Ihr Arbeitsplatz kann nicht gekündigt werden! Aber sie muss nicht selbstverständlich ihre Arbeit aufgeben. Auch der Vater des Kindes kann Elternzeit beantragen (auch für die ersten 12 Monate!). Wenn sie sich dennoch dafür entscheidet, ausschließlich zuhause zu sein, dann sollte sie dies bewusst tun. Jede schwangere Frau sollte sich klar machen, welche Konsequenzen sich aus ihrer Entscheidung ergeben bzw. ergeben könnten. Der Rechtsanspruch auf einen Hortplatz nach der Elternzeit stellt leider keine Regelung dar, die einen solchen Hortplatz auch sicherstellt! Es ist durchaus möglich, dass eine Mutter alternative Wege der Kinderbetreuung finden oder sich auf eine „erweiterte" Elternzeit einlassen muss. Ganz schnell kann dann der vermeintlich sichere Arbeitsplatz doch verloren gehen, frau entscheidet sich dann vielleicht für ein weiteres Kind, und ehe frau sich versieht, befindet sie sich in einer Lebenslage, die sie so nie haben wollte. Ruckzuck ist eine Frau heute für potenzielle Arbeitgeber nicht mehr attraktiv, weil sie einige Zeit aus dem Erwerbsleben ausgestiegen ist, und allzu schnell ist frau sogar schon zu alt. Das ist auch heute noch so! Deshalb sollte sich jede Frau mit Freundinnen und Bekannten austauschen, Erfahrungen sammeln und vielleicht auch dieses Buch lesen. Die Entscheidung für das ausschließliche Versorgen von Kindern, Mann und Haushalt birgt nämlich auch ein ungeheures *Potenzial an selbstständiger, befriedigender Tätigkeit.*

zu 2. u. 3. Konzentration auf die Familie und Verlust von Kontakten:

Es ist häufig zu beobachten, dass sich Frauen bei der Geburt eines Kindes gerne und mit Begeisterung auf dieses kleine Wesen „stürzen". Sicherlich ist dieses Verhalten verständlich, aber die Konzentration auf die neue Tätigkeit als Hausfrau und Mutter sollte außerfamiliäre Kontakte nicht zerstören. Dann nämlich, wenn die erste Begeisterung einem Gefühl des Überfordertsein oder einem Gefühl des Eingesperrtsein weicht, sind diese oder neue Kontakte wichtig. In Still- oder Krabbelgruppen ergeben sich Beziehungen zu „Gleichgesinnten" von selbst. Diese Chance sollte jede Frau nutzen! Der Erfahrungsaustausch hilft über so manche Durststrecke hinweg. Das Wissen darum, dass es anderen Frauen ähnlich ergeht oder eigene Empfindungen auch von anderen erlebt werden, hilft, Lösungswege zu finden.

Es stellt eine besondere Schwierigkeit dar, Freundschaften zu kinderlosen Freunden aufrecht zu erhalten. Meist kommt von diesen der Vorwurf, dass nur noch über Kinder gesprochen wird. Machen Sie solchen Freunden klar, dass es für jeden Menschen doch nur selbstverständlich ist, dass sie oder er über das redet, womit sie/er die meiste Zeit verbringt. Da eine Mutter nun mal die meiste Zeit mit ihrem Kind verbringt, redet sie auch darüber. Machen Sie ihren Freunden klar, dass deren Freundschaft einen besonderen Wert dadurch erhält, dass sie Sie mit Anregungen von außen auf neue Gedanken bringen können. Da Sie als Mutter nicht die Zeit haben, sich so zu informieren wie früher, können „besser" informierte Freunde in Gesprächen schon einiges vom vermeintlichen Defizit wieder aufheben. Machen Sie dies Ihren Freunden deutlich! Sicherlich wird dann die Beziehung bestehen bleiben.

zu 4. Aufgabe eigener Interessen:

Wie bei den Freundschaften bedarf es auch bei den eigenen Interessen und Hobbies nur eines anderen Umgangs damit. Sicherlich ist der Zeitrahmen, der neben Kindern und Haushalt existiert, klein, dennoch birgt er Möglichkeiten. Ich verstehe zum Beispiel nicht, warum viele Männer trotz ihrer Kinder ihre abendlichen Interessen weiter verfolgen können und die Frauen nicht. Der Arbeitstag einer Mutter und Hausfrau sollte genau mit dem Arbeitstag ihres Mannes enden! Die Zeit, die danach noch Verpflichtungen in Haushalt und bezüglich der Kindererziehung bringt, sollte gemeinschaftlich geplant werden. Häufig besteht bei Frauen das Gefühl, sie seien nicht abkömmlich oder sie könnten alles besser als der Partner. – Der kann das alles auch lernen (genau wie Sie)! Der Fakt, der früher häufig von Männern angeführt wurde: „Ich verdiene das Geld, also hab ich auch ein Recht auf mehr Freiheiten!" wird durch das Elterngeld entkräftet. Falls ein Partner argumentiert: „Ich war den *ganzen* Tag arbeiten, also hab ich jedes Recht der Welt auf Zeit zum Ausruhen und Entspannen", dann entgegnen Sie ihm getrost, dass Sie über Tag ja auch gearbeitet haben! Haushalt und Kindererziehung sind kein reines Vergnügen! Beides ist Arbeit! (Nur nicht bezahlt und anerkannt. Jede bezahlte Haushälterin und Kinderfrau erhält eine Bezahlung. Sie machen genau die gleiche Arbeit, also haben auch Sie ein Recht auf Ausruhen und Entspannen!) Argumente für oder gegen einen Sachverhalt sind zumeist Sache der Perspektive. Ändern Sie Ihre Perspektive und die Ihres Partners!

Also: Versuchen Sie, sich Ihre Zeit so einzuteilen, dass auch für Ihre Interessen und Hobbies Zeit bleibt. (Hierzu später mehr.) Falls es wirklich nicht möglich ist, dann versuchen Sie sich mit der Vorstellung zu trösten, dass alles (Familie und Haushalt) nicht immer so viel Zeit beanspruchen wird. Größere Kinder wollen auch ihre eigenen Zeiträume, wodurch die Erziehenden entlastet werden – *und* irgendwann können und sollten Kinder auch mithelfen.

zu 5. *Verlust geistiger Kapazitäten:*

Dieser Punkt mag etwas befremdlich anmuten, aber es ist eine Tatsache, dass viele Mütter das Gefühl bekommen, keine gute Gesprächspartnerin mehr zu sein. Wenn sich Frauen sehr für politische und gesellschaftlich wichtige Themen interessiert haben, hierzu täglich die Presse gelesen oder die Nachrichten verfolgt haben, dann konnten sie meist auch in Gesprächen ihre Meinung vertreten. Als Frauen in Elternzeit haben diese Frauen häufig nicht nur keine Möglichkeiten der Information mehr (da die Zeit fehlt), sondern ihnen fehlen auch die Gesprächspartnerinnen. Es ist einfach wichtig, sich zu unterhalten. – Nicht auf dem Spielplatz zwischen all den Kindern, sondern in aller Ruhe! Wer den ganzen Tag nur „Lass das bitte!", „Geht euch die Hände waschen", „Räum doch bitte die Sachen weg" und dergleichen von sich gibt, verlernt zu reden. Wer sich immer nur in aller Kürze verständlich machen muss, verlernt es, Sinnzusammenhänge in einer gewissen Komplexität zu erörtern. Ich persönlich habe einmal Rhetorik-Kurse besucht, und ich hatte im Studium wirklich das Gefühl, mich gewählt und verständlich auszudrücken. Schon nach zwei Jahren „Vollzeit-Hausfrau" musste ich bei einem Kaffeetreffen im Kindergarten feststellen, dass ich herum stotterte, keinen ganzen Sinnzusammenhang ohne Stolpern formulieren konnte. Ich war zutiefst betroffen darüber! Ich habe mir dann vorgenommen, mehr zu lesen und vor allem mehr mit Menschen zu reden. In diesem Zusammenhang sind gerade die Freundinnen und

Freunde wichtig geworden, die keine Kinder hatten. Meist sind ausschließlich mit diesen Freundinnen Gespräche möglich, die sich nicht um Kinder oder Familienprobleme drehen. Suchen Sie sich einen Gesprächskreis, der Ihnen die Möglichkeit gibt, über Dinge des allgemeinen familiären Interesses hinaus zu sprechen. Es ist wichtig, dass wir unseren Horizont über die Familie hinaus erweitern. Auch das trägt zu unserem Selbstwertgefühl bei. Volkshochschulen oder andere Bildungseinrichtungen bieten hier Möglichkeiten. Eine Anzeige „Suche netten Gesprächskreis, einmal wöchentlich, für alle Themen außer Kinder und Familie" kann sicherlich auch eine Lösung sein. Sie werden sich wundern, wie groß die Nachfrage sein wird.

zu 6. Finanzielle Abhängigkeit:

Zur finanziellen Abhängigkeit gibt es viel zu sagen. Solange Elterngeld gezahlt wird, erhält eine Mutter einen großen Prozentsatz ihres vorherigen Einkommens ausgezahlt. Ist danach eine volle oder teilweise Erwerbstätigkeit nicht möglich, ist sie als Mutter in einer Partnerschaft finanziell vom Partner abhängig. Dies sollte sich meiner Meinung nach ändern, doch zurzeit ist es nun mal so. Rein äußerlich betrachtet besteht eine Abhängigkeit, aber letztlich ist es „ausschließlich" eine Gefühlssache, ob Sie darunter leiden oder nicht. Wenn Sie das Gefühl haben, abhängig zu sein, dann rechnen Sie doch einmal durch, ob Sie sich eine Haushälterin (rund um die Uhr) leisten könnten. All das, was eine solche Person verdienen würde, ist die Ersparnis, die Sie ihrer Familie durch Ihre Arbeitskraft ermöglichen. *Dies ist Ihr Verdienst.* Betrachten Sie den Verdienst Ihres Mannes auch als Ihr Gehalt. *Sie beide* leisten die Grundlagen zur gemeinsamen Lebensgestaltung. Die zurzeit real gegebene finanzielle Abhängigkeit kann sich, zumindest in ihrem Gefühl, auflösen, wenn sie so denken lernen!

Der Umstand, dass ausschließlich die Tätigkeit außerhalb der Familie auch offiziell entlohnt wird, ist zwar eigentlich eine unzumutbare Tatsache, aber eben eine Tatsache. Dies wird sich auch kaum ändern, solange in den Köpfen der meisten Menschen nicht nur die Hausfrau (nach alt hergebrachtem Vorbild) verschwunden scheint, sondern mit ihr auch die Hausarbeit und Kindererziehungsverantwortung. Hausarbeit ist nach wie vor vorhanden und erledigt sich nach wie vor nicht von selbst. Auch Kinder werden glücklicher Weise immer noch geboren und deren Erziehung erledigt sich nicht einfach mal so nebenbei. In diesem Zusammenhang plädiere ich deshalb für die Einführung des „bedingungslosen Grundeinkommens", welches dann auch für die Kinder gezahlt würde. Mit dieser existenzsichernden Zahlung wäre eine finanzielle Basis von Existenzen mit Kindern geschaffen. Wird rein männlich unter wirtschaftlichen Aspekten gedacht, so sind Kinder im eigenen Leben heute unwirtschaftlich, ja, in manchen Fällen gar wirtschaftlich unzumutbar! Wenn die Gesellschaft sich nicht endlich wandelt und auch der Emotionalität einen angemessenen Spielraum ermöglicht, dann wird Deutschland nicht nur in der Rangliste der Geburtenrate an unterster Stelle rangieren, sondern auch wirtschaftlich an Boden verlieren. Denn, wie bereits erläutert, ergibt sich die Tatkraft einer Gesellschaft aus der Anzahl ihrer Mitglieder! Wenn immer mehr Menschen rein wirtschaftlich denken, dann werden sie sich auch vermehrt gegen Kinder entscheiden. Wenn eine Gesellschaft der emotionalen Entscheidung für Kinder einen Spielraum geben möchte, *muss* sie finanzielle Spielräume schaffen. Bis es zur Einführung eines bedingungslosen Grundeinkommens kommen wird, sollte es zumindest ein vereinfachtes Steuersystem geben, welches einen Grundfreibetrag von etwa 1500 Euro steuer- und sozialabgabenfrei vorsieht und für jedes Kind weitere 500 Euro steuer- und sozialabgabenfrei ermöglicht. Es sollte nicht weiter so sein, dass die gering bezahlten oder mit mittlerem Einkommen entlohnten Beschäftigten den Hauptanteil der Steuerlast des

Staatshaushalts tragen, während die Menschen mit hohen Einkommen sich durch tausenderlei Steuertricks fast gänzlich von ihrer Steuerlast befreien können! Was bringt es, mit enormem Verwaltungsapparat bei geringen Einkommen Steuern einzuziehen, um dann diese Personen mit Wohngeld oder Hartz IV wieder finanziell zu unterstützen. Die durch diesen Verwaltungsaufwand gebundenen Arbeitskräfte könnten sich bei Einführung eines einfacheren Steuerrechts den Personen widmen, die sich durch Steuerhinterziehung bereichern und strafbar machen, aber straffrei bleiben, weil ihre strafbare Handlung unentdeckt bleibt. Solange beide Vorstellungen (bedingungsloses Grundeinkommen und steuerfreies Grund- und Kindereinkommen) politisch nicht durchgesetzt sind, sollten entsprechende Verbände unterstützt werden, die solche Forderungen politisch voran treiben möchten. Familien- und Erziehungsarbeit auf der einen und Erwerbsarbeit auf der anderen Seite sollten nicht nur auf dem Papier gleichwertig sein. Tragen sie doch beide zur Entwicklung der Gesamtstruktur Gesellschaft bei. Dies so zu sehen und entsprechend in politische und wirtschaftliche Maßnahmen umzusetzen, bedeutet jedoch, den männlich orientierten und auf reine Wirtschaftlichkeit bezogenen Denkweisen nicht mehr den alleinigen Vorzug zu geben. Der weiblichen Seite des Lebens, der menschlichen Emotionalität sollte der gleiche Spiel- und Handlungsraum eingeräumt werden. Im Kampf um finanzielle Spielräume, und/oder in finanzieller Existenznot, wird Emotionalität zwangsläufig beschnitten, um all die negativen Empfindungen, die damit verbunden sind, aushalten zu können. Psychosomatisch entstehende körperliche und psychische Schäden können laut der Weltgesundheitsorganisation wirtschaftliche Schäden anrichten, die kaum eine Gesellschaft bewältigen kann. Deshalb erscheint es jetzt an der Zeit, einen Wandel herbei zu führen – bevor, wie es so treffend heißt, das Kind in den Brunnen gefallen ist!

zu 7. Schwinden des Ich-Bewusstseins, der Persönlichkeit:

Der Verlust der eigenen Persönlichkeit ist die wohl schlimmste, aber häufigste Folge des modernen Existenzkampfes mit und ohne Kinder. Anfänglich ist es sicherlich auch das einfachste. Es ist ja so leicht, sich der Familie, den eigenen Kindern oder dem Streben nach Erfolg und Konsum völlig hinzugeben. Es erscheint einfach und irgendwie sogar erfüllend, alles zu machen und sich dabei seiner Lieben oder seines wachsenden Einkommens zu erfreuen. Eine gewisse Zeitlang geht das auch gut. Der Mechanismus, der eigene Bedürfnisse durch die Freude am Familienleben oder an der Konsumorientierung verdeckt, funktioniert eine ganze Weile, ehe die eigene Unzufriedenheit deutlich wird. Wenn die eigene Unzufriedenheit, wenn das „Sich-Fremd-Werden" jedoch zutage tritt, dann ist es sehr schwierig, sich das verloren gegangene Selbstwertgefühl wieder neu zu erarbeiten. Es erscheint schwierig angesichts der besonderen psychischen Beanspruchung (dazu später mehr), das Ich-Bewusstsein *nicht* zu verlieren. Ich habe schon oft beobachtet, wie Mütter es fast verlernt haben, „ich" zu sagen. Viele Frauen gewöhnen sich an, wenn sie mit ihren Kindern über sich selbst reden, von der Mutti zu sprechen: „*Mutti* muss jetzt weg", „*Mutti* muss mal dieses oder jenes tun" usw. Sicherlich freuen sich die Frauen, *Mutti* zu sein, und sie warten darauf, von ihren Kindern *Mutti* gerufen zu werden. Spätestens dann aber, wenn das Kind selbst gelernt hat, „ich" zu sagen, sollte die Mutter sich selbst auch wieder als „ich" bezeichnen. Es ist nicht nur für das Kind wichtig, sich selbst gegenüber seiner Umwelt abzugrenzen und dies durch das Ich hervorzuheben. Auch für die Mutter ist dies wichtig. Es gibt in der Pädagogik den Satz: „Nur wer ICH sagen kann, kann auch DU sagen". Dies meint soviel wie: Nur wer auch auf seine Bedürfnisse achtet, kann auch den Bedürfnissen anderer gerecht werden. Von einer Mutter wird sehr viel „Abgeben" erwartet und verlangt. Deshalb sollte sie auch in besonderer Weise auf sich und ihre Bedürfnisse achten. Ein „gesunder Egoismus" ist lebensnotwendig, da sonst aus der Freude am Muttersein schnell die Qual der Selbstaufgabe wird. Doch auch die Karrierefrau ist aufgefordert, an ihre Bedürfnisse zu denken. Allzu leicht können sich Menschen im Karriere- und Konsumstrudel verlieren. Anfänglich ist es angenehm, mehr Geld zu haben und ausgeben zu können. Doch dann wird ein größeres Auto, eine Wohnung oder ein Haus gekauft, teure Urlaube werden genossen, und das allgemeine finanzielle Niveau hebt sich. Irgendwann *muss* dann Geld verdient werden, um all die aufgelaufenen Verbindlichkeiten begleichen zu können. Aus Angst, die Arbeit und damit die finanzielle Basis zu verlieren, werden zunehmend Arbeitsbedingungen ertragen, die eigentlich den eigenen Überzeugungen widersprechen. So werden die eigene Persönlichkeit und damit die Grundlage aller Lebensfreude allmählich beschnitten und/oder verdrängt. Das eigene Ich bleibt auf der Strecke.

Unser Leben und somit auch unsere Persönlichkeit sind durch eine Vielfalt an Lebensbereichen geprägt. Wir sind zum Beispiel Mutter, Ehefrau/Lebensgefährtin, Hausfrau, Berufsfrau, Kollegin, Freundin usw. Daneben sind wir aber auch einfach wir! Wir haben noch eine Persönlichkeit, die wir ja auch schon vor den Kindern oder vor der verhängnisvollen Karriere- und Konsum-spirale hatten. Bei aller Integration dessen, was wir sonst noch leben, haben wir noch einen Anspruch auf „unser" Leben. Hierauf zu achten, das meine ich mit „gesundem Egoismus" (hierzu mehr in meinem Buch: Glück ist Lebenslust. Erfüllt leben durch WohlFÜHLEN-wollen).

Zu den psychologischen Schwierigkeiten der Punkte 1-5:

zu 1. Arbeit an Bedürfnissen anderer orientiert:

Natürlich ist es notwendig, sich in der Neugeborenen- und Kleinkindphase nach den Bedürfnissen des Babys zu richten. Ein Neugeborenes kann sich nun einmal nicht selbst versorgen, es kann auch nicht oder nur unter Geschrei eine Weile auf seine Mahlzeit warten. Aber schon bald wird es auch lernen müssen, dass nicht immer alles nach ihm gerichtet werden kann. Durch das anfängliche hundertprozentige Umsorgen lernt das Kind die Leistungen seiner Eltern als selbstverständlich hinzunehmen. Deshalb wird es immer weiter fordern, und seine Erwartungen werden proportional zu seiner Größe mitwachsen. Es sei denn, es lernt, dass nicht alle seine Wünsche erfüllt werden, dass nicht alles selbstverständlich ist. Um dieses Lernen des Kindes sollten wir als Eltern uns selbst bemühen. Kein Kind wird freiwillig seine Anforderungen an die Eltern einschränken – wir schränken uns ja auch nicht gerne ein! Ich möchte hier nicht näher auf Erziehungsfragen eingehen. Deshalb sei hier nur nochmals darauf hingewiesen: Spätestens dann, wenn das Kind „ICH" sagen kann, sollten wir auch wieder „ICH" sagen und unsere Bedürfnisse ebenfalls wieder in unser Leben integrieren.

Dies lässt sich auch ganz leicht auf die Arbeitswelt übertragen: Natürlich ist es notwendig, sich in der Arbeitswelt bis zu einem gewissen Grad an den Bedürfnissen und Notwendigkeiten des Arbeitsplatzes und der eigenen Chefin zu orientieren. Die anfallende Arbeit erledigt sich nun einmal nicht von selbst. Auch wenn Sie sich anfänglich zu hundert Prozent auf Ihre Erwerbsarbeit konzentriert haben, sollten Sie lernen, sich wieder Ihrem Privatleben und Ihrer Persönlichkeit zuzuwenden. Auch jede Chefin sollte einsehen, dass sich nicht das ganze Leben ihrer Mitarbeitenden ausschließlich um die Arbeit dreht. Wenn Mitarbeitende nicht deutlich machen, dass sie nicht nur dem Arbeitsplatz sondern auch ihrem sonstigen Leben und ihrer Persönlichkeit verpflichtet sind, dann wundert es nicht, dass Ausbeutung am Arbeitsplatz immer mehr um sich greift. Arbeitgeber werden immer weiter fordern, und ihre Erwartungen werden proportional zur scheinbar bedingungslosen Leistungsbereitschaft der Arbeitnehmenden wachsen. Es sei denn, Arbeitgebende lernen, dass nicht alle ihre Wünsche erfüllt werden, dass nicht alles selbstverständlich ist. Um dieses Lernen in der Arbeitswelt sollten wir uns als Mitarbeitende selbst bemühen. Keine Arbeitgeberin wird freiwillig ihre Anforderungen an die Arbeitnehmerinnen einschränken – wir schränken uns ja auch nicht gerne ein! Ich möchte hier nicht näher auf die Arbeitswelt eingehen. Es wundert mich jedoch sehr, wie wenig sich die Menschen gegen die ständig bedrängender werdenden Arbeitsbedingungen wehren. Immer mehr Menschen leben, um zu arbeiten, dabei sollte Erwerbsarbeit ausschließlich der finanziellen Absicherung eines lebenswerten Lebens dienen. Hier scheint mir die Mitmenschlichkeit zugunsten der Befriedigung finanzieller Anforderungen von Arbeitgebern und/oder Aktionären zunehmend auf der Strecke zu bleiben. Deshalb sei hier nur nochmals darauf hingewiesen: Spätestens dann, wenn eine gewisse finanzielle Sicherung des Daseins gegeben ist, sollten wir wieder lernen, „ICH" zu sagen und unsere Bedürfnisse wieder in unser Leben integrieren. Wie an anderer Stelle erwähnt, wurde mir der Einstieg in eine meinen Qualifikationen entsprechende Tätigkeit verwehrt. Glücklicherweise wurde mir aber eine Tätigkeit ermöglicht, die ich sehr gerne ausübe und die mir sehr viel Freude bereitet. Ich bin nun halbtags in einer Einrichtung des Betreuten Wohnens erwerbstätig. Der Umgang mit älteren Menschen ist sehr befriedigend für mich, da diese mir das Gefühl geben, dass sowohl ich als Person als auch meine Arbeit ihnen wichtig ist – ich erfahre Anerkennung und Würdigung – sowohl für meine Arbeit als auch für meine Person. Da die

Öffnungszeiten des Büros nicht erweiterbar sind, kann ich nicht mehr verdienen. Wenn meine jüngste Tochter ausziehen wird, werde ich zugunsten dieser Tätigkeit in ein Apartment oder lieber noch, in eine Wohngemeinschaft ziehen, da ich mir mit meinem Gehalt keine größere Wohnung leisten kann. Doch sowohl die Arbeit als auch der zeitliche Freiraum ist mir mehr wert als eine große Wohnung oder sonstiger Luxus. In meinem Alter und mit meinen Qualifikationen als studierte Religionswissenschaftlerin könnte ich inzwischen allenfalls als Kassiererin oder Verkäuferin irgendwo Vollzeit tätig werden. Eine solche Tätigkeit würde wahrscheinlich nach Abzug von Steuern und Sozialabgaben auch nicht viel mehr Geld einbringen als ich derzeit verdiene, aber persönliche Befriedigung würde ich wahrscheinlich weniger empfinden. Die Einschätzung dessen, was mir wichtig ist in meinem Leben, hat sich in den letzten Jahren stark verändert. Statt dem Must-Have-Charakter unserer Zeit zu entsprechen, richte ich mich lieber nach meinen Gefühlen und lebe lieber ein finanziell bescheidenes, dafür aber emotional reiches Leben. Ich habe gelernt, nach meinen Bedürfnissen zu fragen, sie zu entdecken und sie zu leben!

zu 2. und 3. Endlose und erfolglose Tätigkeit:

Diese beiden Bereiche gehören zusammen. Immer wieder müssen wir, ob in Vollzeit oder neben der Erwerbstätigkeit, innerhalb des Haushaltes dieselben Tätigkeiten ausführen. Dabei wird der vermeintliche Erfolg kaum sichtbar oder sogar immer wieder zerstört. Sicherlich lässt sich die Hausarbeit nicht mit Fließbandarbeit vergleichen. Dennoch finden sich Aspekte darin wieder: die Tasse, die eben gespült und in den Schrank gestellt wurde, steht gleich darauf wieder verschmutzt am Spülbecken; das gestern gewaschene und gebügelte T-Shirt liegt heute wieder bei der Schmutzwäsche; das Essen, das eben noch mit Liebe und Aufmerksamkeit gekocht wurde, hinterlässt nur noch einen Berg schmutzigen Geschirrs. Es ist wirklich nicht leicht, angesichts dieser Tatsachen von Erfolgen zu sprechen. In der Arbeitswelt gibt es ähnliche Beispiele. Trotzdem gibt es Erfolge. Frauen fühlen sich oft selbst wertlos, weil sie es verlernt haben, ihre eigenen Fähigkeiten und Leistungen zu sehen und als etwas Besonderes zu bewerten. Deshalb sollten wir uns über unsere Fähigkeiten und Leistungen klar werden! Die Vielfalt der Haus- und Familienarbeit ist ebenso wertvoll, wenn nicht sogar wertvoller, wie das am Arbeitsplatz Geleistete. Das, was Frauen anfänglich noch nicht können, das lernen sie mit der Zeit. Wenn Sie glauben, Sie seien doch „nur" noch ein Arbeitstier, das sich zwischen Kindern und Haushalt – mit oder ohne zusätzliche Erwerbstätigkeit – aufreibt, dann setzen Sie sich mal hin und schreiben Sie eine Liste all der Tätigkeiten, die Sie erledigen. Nehmen Sie ein Blatt und schreiben Sie als Überschrift: Aufgaben, Kenntnisse, Fähigkeiten. Unter den Tätigkeitsbereichen:

Haushaltsführung:
Schwangerschaft und Kindergebären:
Kindererziehung:
Führen einer Partnerschaft oder Ehe:
Leistungen bei der Erwerbsarbeit:
Lebensführung in der sozialen Gemeinschaft (im Verein, der Kirchengemeinde usw.):

Schreiben Sie alles auf, was Ihnen an Tätigkeiten einfällt. In all diesen Tätigkeitsbereichen haben Sie Aufgaben, welche Sie durch Ihre Kenntnisse und Fähigkeiten erfüllen. So gewinnen Sie einen Überblick über Ihre Fähigkeiten. Sie werden staunen, was Sie alles tun und können, was Sie alles leisten...

Sehen Sie Ihre Erfolge - Lernen Sie, stolz auf sich zu sein! Für vieles, was Sie alltäglich tun, gibt es Berufsbilder, eigene Berufsausbildungen. Wir Frauen arbeiten fast täglich in einer Vielzahl von Berufen. Warum gibt es dennoch für die Tätigkeit im Haushalt und die Erziehung eigener Kinder keine eigenständige

Berufsbezeichnung? Bei allen Ämtern oder Fragebögen tragen Frauen unter der Rubrik „Beruf" Hausfrau ein, wenn sie keiner Erwerbstätigkeit nachgehen – und dennoch fühlen sie sich nicht berufstätig. *Hausarbeit ist ein Beruf* (zwar ohne Gehalt, aber dennoch!). Bei erwerbstätigen Frauen mit Kindern wird über die Doppelbelastung gesprochen – im Prinzip besteht die Belastung in einer doppelten *Berufstätigkeit!* Durch Kinder erwerbslose Frauen sollten lernen, sich trotz ihrer offiziellen Erwerbslosigkeit als Berufstätige zu sehen. – Ob Köchin, Erzieherin, Hauswirtschafterin, Bäckerin, Kinderschwester, Pflegerin (häufig auch Altenpflegerin) usw. All diese Berufe vereinigen Sie, ob zusätzlich erwerbstätig oder nicht, in einer Person. Sie haben sicherlich das wenigste davon in einer Berufsausbildung gelernt, und trotzdem üben Sie dies alles zur Zufriedenheit der anderen aus. Warum nicht auch zu Ihrer eigenen Zufriedenheit? Es ist nicht schwer, Stolz auf die eigene Leistung zu entwickeln. Versuchen Sie es.

Rechnen Sie zum Beispiel die Gesundheit und Zufriedenheit Ihrer Kinder als Erfolg. Sie kochen und umsorgen Ihre Kinder so gut, dass sie nicht krank werden. Oder zählen Sie den Erfolg Ihres Mannes zu Ihren Leistungen. Denn nur durch Ihre „Hintergrundarbeit" ist Ihr Partner zu seinen Leistungen fähig. Dies alles klingt vielleicht für manche „zu banal" oder auch zu „abgehoben", aber versuchen Sie es. *Versuchen Sie, sich über Ihre Leistung zu freuen.* Es zeugt nicht von kindlicher Naivität, sich über die durch saubere Fensterscheiben scheinende Sonne zu freuen. Am Beispiel der sauberen Scheiben lässt sich auch deutlich machen, dass wir sehr häufig Dinge für uns tun und uns dabei denken, dass wir dies tun *müssen*. Warum putzen Sie Ihre Scheiben? Weil *Sie* den Dreck nicht ertragen können? Weil die Kinder meckern? Weil die Nachbarn sonst mit dem Finger auf Sie zeigen? Wenn es wegen der Nachbarn ist, dann fragen Sie sich, ob es wirklich nötig ist, auf *solche* Nachbarn Rücksicht zu nehmen? Wenn Sie saubere Fenster aus eigenem Interesse als notwendig einstufen, dann stehen Sie dazu und schimpfen Sie nicht! Es ist Ihre Entscheidung! *Sie wollen* den Nachbarn oder Ihrem Sauberkeitsempfinden gerecht werden, und deshalb putzen Sie die Fenster letztlich aus eigenem Interesse. Wenn Sie den Nachbarn nicht gerecht werden wollen, dann lassen Sie es doch. Lassen Sie Ihre Scheiben schmutzig, und schon haben Sie Arbeit gespart. Ich hoffe, Sie erkennen, worauf ich hinaus möchte: Vieles unserer täglichen Arbeit tun wir *auch* aus eigenem Interesse, – nicht weil wir es tun müssen. Deshalb sollten und können wir uns auch daran erfreuen und stolz darauf sein. Hören Sie auf zu *müssen*! Dies lässt sich auch auf die Arbeitswelt und den vielfach damit verbundenen Stress übertragen. Stress erwächst auch aus dem Gefühl heraus, etwas tun zu *müssen*. Was ich tun *will* oder *möchte*, geht viel leichter von der Hand als das, was ich vermeintlich oder real tun muss. Denn jedes *Müssen* erzeugt in der eigenen Gefühlswelt Widerwillen und Zwang und birgt das belastende Gefühl möglichen Scheiterns! Denken Sie einmal darüber nach! Hierzu finden Sie mehr Anregungen in meinem Buch: Glück ist Lebenslust, auf Seite 68.

Teilen Sie sich Ihre tägliche Arbeit am Arbeitsplatz und/oder im Haushalt bewusst ein. Wenn Sie es schaffen, Ihr selbstgestecktes „Soll" zu erfüllen, dann setzen Sie sich hin und genießen Sie bei einer Tasse Tee oder Kaffee Ihren Erfolg. (Natürlich dürfen die Ziele nicht zu hoch gesteckt sein!) Sie sehen, es gibt durchaus Möglichkeiten, Erfolge im eigenen Tun zu sehen. Wir sollten die eigenen Erfolge sehen und stolz darauf sein.

Damit dies gelingt, sollten Sie mit Selbstmotivation beginnen: Wenn Sie abends im Bett liegen, dann lassen Sie sich *nicht* von Gedanken an die Dinge, die Sie heute *nicht* geschafft haben, um Ihren wohlverdienten Schlaf bringen. Solche Gedanken sind vor allem vor dem

Einschlafen äußerst destruktiv – sie rauben Ihnen auf Dauer Ihr Selbstwertgefühl, da Sie immer mit dem Gefühl eigener Unzulänglichkeit einschlafen und dieses Gefühl eigenen Versagens in Ihnen Wurzeln schlagen kann. Wenn solche Gedanken aufkommen, sollten Sie sich selbst sagen: „Stopp, ich will an positive Dinge denken!" und dann zählen Sie in Ihrem Geiste die Dinge auf, die Sie im Verlauf des Tages erfolgreich getätigt haben. Sehen Sie diese Tätigkeiten als Ihre Erfolge und schlafen Sie mit Stolz auf sich selbst ein. So stärken Sie Ihr Selbstwertgefühl!

zu 4. Anerkennungslose Tätigkeit:

Auch was die Anerkennung betrifft, sollten wir erst auf uns selbst zurückgreifen. Von Kindern, besonders von Kleinkindern, können wir kein Lob erwarten. Vielmehr ist es in Tausenden von Haushalten jeden Tag dasselbe Spiel. Die Kinder kommen aus Kindergarten oder Schule und fragen: „Was gibt es heute zu essen?" Die Mutter antwortet, und das Gejammer geht los: „Ach, schon wieder!", oder „Ach, das mag ich nicht!", oder einfach nur „Ach!!" Ganz selten nur ist ein freudiges „Au prima" zu hören, es sei denn, es gibt Pommes mit Ketchup.

Loben Sie Ihr Essen – wenn Sie es tun, werden es auch die andern tun. (Von alleine kommen die sowieso nicht darauf, das Essen und somit Sie zu loben.) Dies bezieht sich auch auf den Partner, mit dem wir unser Leben teilen. Leider ist dieser ja auch mit dem beschriebenen geschichtlichen und gesellschaftlichen Frauenbild aufgewachsen, weshalb ihm eine „natürliche" Achtung vor der Frau und ihren Leistungen nicht gegeben ist. Wenn wir selbst aber unsere Arbeiten als lobenswerte Leistungen erachten, dann können wir dies auch unseren erwachsenen Mitbewohnern begreiflich machen. Wir sollten selbst die gängigen Vorstellungen verändern und um Anerkennung ringen. Sagen Sie ruhig mal: „Ich finde, das ist mir wirklich gut gelungen!" oder ähnliches. Vielfach präsentieren wir unsere Arbeit stillschweigend und hoffen auf ein Lob. Doch Lob ist leider in unserer Gesellschaft aus der Mode gekommen. Lob bedeutet aber Anerkennung, und Anerkennung birgt das Potenzial der Motivation. Selbstmotivation ist wichtig und gut, aber Motivation durch Lob ist um ein vielfaches motivierender. Deshalb sollten sie hin und wieder Ihrem Umfeld ein Lob entlocken. Natürlich sollten Sie selbst auch nicht mit Lob sparen. Sie werden sehen, wie andere Ihrem Beispiel folgen. Jede freut sich über Lob, und motivierte Menschen loben dann auch zurück. Wenn Sie gelernt haben, Ihre Erfolge zu sehen, dann können Sie diese auch entsprechend darstellen – so können Sie auch zu Lob und Anerkennung von außen gelangen.

Ich bin sicher, dass uns unser neues Selbstbewusstsein und ein entsprechendes (neues) Selbstwertgefühl dazu verhelfen, auch ein neues Ansehen gesellschaftlich durchzusetzen. Jede sollte erst bei sich, dann bei den nächsten Mitmenschen und dann auch im weiteren Umfeld dafür Partei ergreifen. Wenn sich die Selbstdarstellung von Frauen verändert, wird sich auch das Bild der Frau und ihrer Leistungen verändern. Frauen sind keine „Dummchen", nur weil sie sich in Teil- oder Vollzeit mit Kochen und Kindern beschäftigen (müssen). Wir sind in jeder Lebenslage tatkräftige Frauen, die ihre Aufgaben ernst nehmen und damit unserer Familie, gegebenenfalls unserem Arbeitgeber und der Gesellschaft, einen *großen* Dienst erweisen.

zu 5. Leben im Arbeitsplatz:

Es ist ein besonderer Umstand, innerhalb seines Arbeitsbereiches auch zu leben. Dies wissen nicht nur haustätige Frauen, sondern auch selbstständig tätige Menschen, die ihr Büro im eigenen Haushalt haben. Die Möglichkeit, sich zu entspannen, wenn die Arbeit ständig gegenwärtig ist, bedarf des schon erwähnten „gesunden Egoismus". Wir sollten uns auf uns besinnen, damit wir nicht immer nur die Arbeit wahrnehmen. (Hierzu mehr bei der Zeiteinteilung.) Auch unseren Partnern sollten wir klar machen, dass sie in anderen Bedingungen leben. Meist ist es doch so, dass der Mann von der Arbeit in die „Oase der Ruhe", in den „Schoß der Familie" zurückkehren kann. Der Mann hat einen Arbeits- und einen Arbeitsfreibereich. Im Arbeitsfreibereich, dem sogenannten Privatbereich, findet er die Kraft, um wieder in die „feindliche (Arbeits-)Welt" hinauszugehen. Frei nach dem Motto: „Hinter jedem erfolgreichen Mann steht seine starke Frau". Der Mann hat zwei Lebensbereiche: Erwerbsarbeit und Privatbereich. In diesem Zusammenhang leben die Männer häufig in ihrem alten Rollenmuster. Nach außen (bei der Erwerbsarbeit) stark – nach innen (im Privatbereich und gegenüber der Frau) schwach. Alle Welt redet davon, dass der Mann, gesteuert durch seinen Beschützerinstinkt, das Bollwerk der Familie darstellen muss. Dieses Bild versuchen viele Männer nach außen hin auch zu erzeugen, indem sie sich als Ernährer der Familie zeigen. Nach innen hin lassen viele dieser Männer ihre Erschöpfung, ihren Frust und ihre Kraftlosigkeit häufig an ihren Partnerinnen aus. Die Frauen bekommen dann das Gefühl, dass sie ihre Partner genauso umsorgen müssen wie ihre Kinder. Schwach und Schutz suchend kehrt der Mann nicht zu seiner Frau, sondern zur Mütterlichkeit der Frau zurück. Wir Frauen sind aber nicht die Mütter unserer Partner. Unsere Partner sind nicht unsere zu pflegenden und zu umsorgenden Söhne. Sie sind gleichberechtigte Partner einer Beziehung, die beiderseitige Rücksichtnahme, beiderseitige Schutzbedürfnisse berücksichtigen sollte.

Wir Frauen haben auch ein Recht auf Rücksichtnahme und Umsorgung. Aber wie steht es um die Frau? Im Gegensatz zum Mann hat eine Vollzeit-Hausfrau nur *einen* Lebensbereich – sie lebt im Arbeitsbereich und ihr fehlt deshalb der Arbeitsfreibereich! Ihre Arbeitszeit hat theoretisch und praktisch kein Ende! Wohin kann sie gehen, um sich wieder neu zu kräftigen? Hier sind die Partner gefragt! Die Partner sollten erkennen, dass ihrem 8-Stunden-Arbeitstag ein 24-Stunden-Arbeistag entgegensteht. Wenn die Frauen zum Aufbau der Männer da sind, dann sollten auch die Männer zum Aufbauen der Frauen bereit sein. Auch die Frauen benötigen eigene Freiräume und Entspannungsphasen. Nur wenn die Männer die Tätigkeit der Frau im Haushalt als kräftezehrenden, anspruchsvollen Beruf achten, wird ihnen auch die Notwendigkeit ihrer Hilfe bewusst werden. Ausschließlich gegenseitige Anerkennung kann zu gegenseitiger Hilfe führen. Ist eine Frau in Teilzeit erwerbstätig, hat sie zwar wie der Mann zwei Lebensbereiche – sie hat aber zwei Arbeitsbereiche! Ihr fehlt, wie der Vollzeit-Hausfrau, der Arbeitsfreibereich. Auch hier ist der Partner gefragt! Im Miteinander beider sollte es möglich sein, dass beide im eigenen Heim ihren je eigenen Arbeitsfreibereich haben können.

Unser Leben !!

Es ist bislang hoffentlich deutlich geworden, dass nur wenig von dem, was wir uns unter dem derzeit gegebenen Frauenbild vorstellen, „natürlich" und deshalb unabänderlich ist. Die Geschichte, die Gesellschaft und die Religion haben geprägt, was uns in Erziehung und Sozialisation gelehrt wurde. Wir haben ein (bewusst von Männern) „gestaltetes" Frauenbild angenommen. Hieraus erwächst uns das Recht, uns ein neues Frauenbild zu gestalten und zu leben. Alle bisher beschriebenen Aspekte sollten uns die Möglichkeit geben, uns in unserem „Gewordensein" zu erkennen. Erst auf dieser Basis können wir wirkliche, beständige Veränderungen bewusst herbei führen. Wir haben ein Recht, anders sein zu wollen, und wir können uns unser Anderssein erarbeiten. Feministische Forschung und die Bestrebungen zur Gleichberechtigung helfen uns dabei. Das Wissen um die verschollene Geschichte weiblicher Errungenschaften lässt uns an die Kraft weiblichen Tuns glauben. Von Anbeginn der Menschheit haben weibliche Fähigkeiten das Leben geprägt und erhalten (die Fruchtbarkeit der Frau, ihre Sammeltätigkeit usw.). Nicht nur die Männer haben in der jüngeren Geschichte das Weltgeschehen gestaltet, sondern auch viele Frauen, welche uns heute durch die Frauenforschung nahe gebracht werden.

All dieses Wissen kann uns zu einem neuen Umgang mit unserer *gegenwärtigen* Situation verhelfen, damit nun endlich, auch im *Bewusstsein* der Menschen, Veränderungen eintreten. Wir sollten an uns selbst arbeiten! Wir sollten durchbrechen, was uns jahrhundertelang vorgemacht und vorgelebt wurde. Die meisten von uns wurden nicht zu eigener Stärke, sondern eher zu aufopferndem und überfürsorglichem Verhalten erzogen. Wir haben gelernt, unser Selbstwertgefühl aus der Identität als Ehefrau und Mutter zu schöpfen – wobei diese Identität heute eher abgelehnt wird, wenn nicht sogar negativ angehaucht ist. Dies ist doppelt belastend, da die Hausarbeit ebenso wenig verschwunden ist, wie die Notwendigkeit, geborene Kinder auch zu versorgen und zu erziehen. Noch immer verwenden Frauen den größten Teil ihrer Zeit und ihrer Energie darauf, sich um die Bedürfnisse anderer zu kümmern. Dies ist nicht prinzipiell schlecht! Es ist nur dann schlimm, wenn es auf Kosten der eigenen Bedürfnisse geht! Wir wurden als Mädchen mehr oder weniger dazu programmiert, Selbstbehauptung und ehrliches Selbstbewusstsein zu vermeiden. Es wurde als zu männlich verurteilt. Erst kürzlich erzählte mir eine Frau (berufstätig in gehobener Position), ein Mann hätte zu ihr gesagt, dass sie auf Männer „abschreckend" wirke. Zur Begründung führte er ihr starkes, selbstbewusstes Auftreten an. Männer haben offensichtlich Angst vor „starken" Frauen. Sie haben eben nicht gelernt, mit solchen Frauen umzugehen. Dies sollte den Männern bewusst werden, damit sie sich auf die „neuen" Frauen wirklich positiv einstellen können.

Denn nicht nur Vollzeit erwerbstätige Frauen sollten selbstbewusst und „stark" sein. Jede Frau sollte es!

Dabei geht es bei den notwendigen Veränderungen nicht nur um Selbstbewusstsein bei Frauen, sondern um wirkliche Wahlfreiheit bei der Lebensgestaltung für beide Geschlechter. Diese scheint ausschließlich dann gegeben, wenn Frauen und Männer nach ihren je gegebenen Charaktereigenschaften von finanziellen Zwängen frei entscheiden können, ob und wie sie in Voll- oder Teilzeit für sich selbst und gegebenenfalls für Kinder und Haushalt tätig werden möchten. Es geht darum, Weiblichkeit und Männlichkeit zu einem neuen harmonischen Miteinander zu führen. Wirtschaftliche Interessen sollten nicht länger menschlichen Interessen nach emotionaler Erfüllung übergeordnet sein. Macht es uns wirklich glücklich, uns auf das Immer-mehr-haben-Müssen zu konzentrieren? Macht es die meisten Menschen nicht eher unglücklich, bei diesem Immer-mehr-haben-Müssen die Erfahrung zu machen, dass sie sich doch nicht leisten können, was sie gerne hätten? Im Zusammenhang mit der Abtreibungsdiskussion gab es einmal den Slogan: „Sag JA zum Leben!" Diesen Slogan sollten wir wieder aktivieren und auf unser ganzheitliches Leben übertragen. Es gibt so vieles im Leben, was unbezahlbar und deshalb kostenfrei zu genießen ist: Liebe, Freundschaft, soziales Miteinander, Mitgefühl, Freude! Doch all dies können wir nicht sehen, wenn unser Blick auf Dinge konzentriert ist, die ausschließlich mit Geld zu kaufen sind. Liebe, Freundschaft, soziales Miteinander, Mitgefühl, Freude - diese positiven Bereiche des Lebens können nicht (wie ein teures Auto, ein großes Haus usw.) *gesehen,* sondern ausschließlich *empfunden* werden. Doch wenn wir zugunsten der wirtschaftlich orientierten männlichen Vernunft unsere (als weiblich bezeichnete) Emotionalität verschließen, verdrängen und aus unserem Leben verbannen, können wir die Empfindungen von Liebe, Freundschaft, sozialem Miteinander, Mitgefühl und Freude nicht mehr wahrnehmen.

Es wird Zeit, dass wir uns unserer emotionalen Bedürfnisse wieder bewusster werden und der Erfüllung eigener Emotionalität mehr Aufmerksamkeit schenken. Selbstbewusstsein, Selbstachtung und Selbstwertgefühl haben mit dem Selbst, mit *uns selbst* zu tun. Liebe, Freundschaft, soziales Miteinander, Mitgefühl und Freude sind *Empfindungen*, die dann, wenn wir sie uns selbst gegenüber empfinden, auch im Außen für uns sichtbar werden. Es heißt nicht umsonst: „Liebe deinen Nächsten wie dich selbst!" Liebe setzt Selbstliebe voraus. Wir sollten uns selbst, (emotional) für uns selbst, in den Vordergrund stellen.

Wir sollten hierbei jedoch nicht von einem ins andere Extrem verfallen! Um zu verdeutlichen, was ich meine, möchte ich ein solches Extrem schildern: Viele Frauen bringen ihre Gefühle, Gedanken, Bedürfnisse und Wünsche anderen gegenüber *nicht* zum Ausdruck. Sie handeln nicht selbstbestimmt und können somit auch ihre eigenen Bedürfnisse nicht befriedigen. Meist gehen diese Frauen auch Konflikten aus dem Weg, indem sie selbst zurückstecken. Sie könnten als typische „Ja-Sagerinnen" bezeichnet werden. Wer nicht „nein" sagen kann, tut allzu häufig Dinge, die er oder sie eigentlich nicht will. Das eigene „Leid" bleibt bei solchem Verhalten nicht aus: Wer sich selbst nie äußert, für den äußern sich letztlich andere. Es ist deshalb nicht verwunderlich, wenn solche Frauen ausgenutzt werden und anstehende Entscheidungen ohne sie getroffen werden.

Es ist sehr schwierig, aus einer solchen Situation auszubrechen. Schritt für Schritt sollten eigene Freiräume erarbeitet und Rechte erobert werden. Es geht aber nicht darum, nun *nur noch* eigene Bedürfnisse durchzusetzen. Wir sollten zwar lernen, *auch* unsere eigenen Bedürfnisse zu befriedigen, aber dies sollte nicht auf Kosten anderer geschehen. Wir möchten ja keine Umkehrung der gegenwärtigen Verhältnisse! Wir wollen unsere Partner und Kinder nicht erniedrigen oder verletzen. Wir wollen ein Miteinander, kein

Gegeneinander! Wir wollen unsere Beziehungen nicht so belasten, dass sie unmöglich werden. Gefühle, Gedanken und Wünsche unserer Mitmenschen sollten nicht missachtet werden. Das werden sie auch nicht, denn *gesunder Egoismus beziehungsweise bereichernde Selbstliebe führt zu Wohlwollen.* Dieses Wohlwollen ist immer beidseitig: Es ist positiv für diejenige, die mit Wohlwollen auf ihr Leben und ihre Mitmenschen blickt, und das Leben beziehungsweise die Mitmenschen spiegeln dies zurück. Diesem Zusammenhang widmen sich alle Ausführungen meines Buches *Glück ist Lebenslust.*

Durch Selbstliebe lernen wir, einen Zwischenweg zu gehen: nicht ausschließlich egoistisch und nicht ausschließlich selbstlos! Wir wählen den Weg zwischen Selbstaufgabe und Egoismus.

Um diesen Weg zu finden, sollten wir erkennen, was wir wünschen und brauchen. Wenn wir dies wissen, sollten wir lernen, dies anderen auch mitzuteilen. Das klingt banal, aber seien Sie ehrlich: Wie oft haben Sie sich etwas gewünscht und doch nichts gesagt, weil Sie nicht wussten, wie Sie es Ihrem Partner klar machen sollten? Aber ausschließlich dann, wenn wir unsere Wünsche äußern, können wir selbstbestimmt handeln, ohne dabei die nötige Achtung für andere zu vernachlässigen.

Wir sollten nach außen hin offener und vielleicht auch ehrlicher werden und unsere Gefühle und Gedanken mitteilen. Nur dann, wenn wir unsere Meinung sagen und dafür eintreten, können wir uns den Freiraum schaffen, den wir für unsere Bedürfnisse brauchen. Wir müssen schließlich selbst für unsere Bedürfnisse eintreten und für ihre Befriedigung sorgen. Dabei sollten wir aber auch hilfsbereit und kooperativ genug sein, um anderen bei deren Bedürfnisbefriedigung zu helfen. Wenn Sie lernen, ehrlich zu sich und anderen zu sein, dann wird es auch gelingen, für Ihre eigenen Bedürfnisse einzutreten.

In diesem Zusammenhang kann dieses Buch nur Anregungen vermitteln und Sie ermuntern, an entsprechenden Kursen in der Volkshochschule oder anderen Einrichtungen teilzunehmen. Mein Buch „Glück ist Lebenslust. Erfüllt leben durch WohlFÜHLENwollen" kann ebenfalls hilfreich sein. Es beschäftigt sich intensiv mit den Hintergründen der Selbstaufgabe und möglichen Wegen, wieder zu sich selbst zu finden.

Bei den folgenden Überlegungen habe ich mich an dem Buch „Frauenkonferenz – Weg zur weiblichen Selbstverwirklichung" von Linda Adams und Elinor Lenz orientiert.

Da viele von uns schon in geregelten Lebensumständen leben, ist es wichtig, unsere Freiräume darin zu finden. Wir können leider nicht uneingeschränkt agieren, wenn wir unser derzeitiges Lebenssystem nicht zerstören wollen. Wir sollten zwischen den Entscheidungen, die die Familie betreffen und solchen, die ausschließlich uns betreffen, unterscheiden lernen.

Im oben genannten Buch wird zwischen dem persönlichen und dem gemeinsamen Freiraum bzw. Handlungsspielraum unterschieden. Unser ganz persönlicher Spielraum ist jener Bereich in unserem Leben, in dem wir eigenständige, unabhängige Entscheidungen treffen können. Hierbei ist die Mitarbeit oder Beteiligung eines anderen unnötig. In diesen unseren Freiheitsspielraum fallen Entscheidungen wie:

– eigene Überzeugungen zu ändern;
– neue Fertigkeiten zu erlernen;
– uns mehr Zeit für Entspannung und Zerstreuung zu gönnen;
– die Frage, womit wir unsere Freizeit verbringen: mit lesen, Musik hören oder anderen Dingen;
– die Frage, welcher Partei oder religiöser Gruppe wir uns anschließen;
– die Frage, welchen Arzt wir wählen
und dergleichen mehr.

Der eigene Freiraum ist sicherlich größer, als er durch die oben aufgeführten Beispiele erscheint. Setzen Sie sich einmal in Ruhe hin und überdenken Sie ihren Freiraum. Alles, was mit Ihrer eigenen Person und mit Ihrer Persönlichkeit zu tun hat, steht in Ihrer Entscheidungsfreiheit. Sie sollten sich dessen bewusst sein und herausfinden, ob Sie in diesen Bereichen Veränderungen wünschen.

Natürlich ist der Spielraum eigener Entscheidungen für Frauen, die an eine Familie gebunden sind, nicht so groß wie für Singles. Viel größer ist der Bereich, der gemeinsame Entscheidungen verlangt. Zu diesen Bereichen gehören:

- dass Sie Urlaubspläne ändern;
- dass Sie den Umzug in eine andere Stadt beschließen;
- dass Sie eine Party in der eigenen Wohnung planen;
- dass Sie die Familienersparnisse in Immobilien investieren

... und dergleichen.

Ich hoffe, der Unterschied zwischen beiden Freiheitsbereichen ist deutlich geworden. Wir besitzen in unserem Leben unterschiedliche Möglichkeiten der Entscheidungsfindung. Im persönlichen Bereich können wir frei und unabhängig entscheiden. Bei Fragen, die auch andere betreffen, sollten wir mit diesen entscheiden, wobei wir aber unsere Meinung, unsere Bedürfnisse zur Entscheidungsfindung mit einbringen können und sollten. Letztlich kann keine Frage über unseren Kopf hinweg entschieden werden, wenn wir uns entsprechend einbringen.

Es ist sicherlich nicht einfach, vom Rollenbild der ewig „Übergangenen" zur Person zu werden, die ihr eigentlich selbstverständliches Mitspracherecht endlich nutzt und entsprechend auch ihre eigene Entscheidungsgewalt auslebt. Ein schwieriger Prozess der Selbstfindung und das Erlernen der Selbstbehauptung sind hierfür notwendig.

Letztlich sollte das Ziel unserer Bestrebungen nach Selbstverwirklichung ein Gleichgewicht zwischen Unabhängigkeit und Wechselseitigkeit sein. Wir wollen zwar unserer Persönlichkeit gerecht werden, aber wir stehen auch gegebenenfalls zur Familie und deren Bedürfnissen. Deshalb sollte ein gangbarer Weg zwischen Unabhängigkeit (= „Egoismus") und Wechselseitigkeit (= früher „einseitige Selbstaufgabe") gefunden werden. In diesem Zusammenhang sollten Sie sich folgende Fragen stellen:

- Wie kann ich mein Leben so organisieren, dass ich meinen Bedürfnissen Genüge leiste und meine Ziele erreiche?
- Wie viel Zeit, Energie und Mühe muss ich aufwenden, um meinen Bedürfnissen zu genügen und meine Ziele zu erreichen?
- Was bin ich bereit, für andere zu tun?
- Was tue ich gegenwärtig für andere?
- Wie viel Zeit, Energie und Mühe bin ich bereit, für die Bedürfnisse anderer aufzuwenden?
- Möchte ich mehr für andere tun?

Jede von uns wird auf diese Fragen andere Antworten finden. Auch werden sich die eigenen Antworten immer wieder entsprechend den Umständen verändern. Solange eigene Kinder heranwachsen, ist die Bereitschaft, auf die Bitten der Kinder, der Schule, des Sportvereins und dergleichen einzugehen, vielleicht größer als später, wenn die Kinder eigene Wege gehen. Entscheidend ist, dass Sie in jedem Lebensabschnitt das Ihnen gemäße Gleichgewicht zwischen Geben und Nehmen – entsprechend Ihrer persönlichen Bedürfnisse – leben.

Um zu ermessen, wie stark Sie in wichtigen Bereichen Ihres Lebens selbstbestimmt oder fremdbestimmt handeln, sollten Sie sich folgende Fragen stellen. Seien Sie bei den Antworten ehrlich zu sich selbst und fragen Sie danach, wie viel Selbstbestimmung Sie tatsächlich besitzen (nicht wie viel Sie gerne besäßen). Die folgenden Fragen habe ich dem Buch: „Frauenkonferenz – Weg zur weiblichen Selbstverwirklichung" von Linda Adams und Elinor Lenz entnommen.

Ihr Körper

- Ist Ihr Körper Ihnen wichtig?
- Wie viel Kontrolle haben Sie über ihn?
- Wie viel Kontrolle haben Sie über Ihr Aussehen?
- Wie viel Kontrolle haben Sie über das, was Sie essen?
- Wie viel Kontrolle haben Sie über seine Funktion?
- Wie viel Kontrolle haben Sie über Ihre sportliche Betätigung?
- Wie viel Kontrolle haben Sie über das, was Ihr Arzt dazu sagt?
- Wie viel Kontrolle haben Sie darüber, wie viel Ruhe Sie sich gönnen?
- Möchten Sie mehr Verantwortung für Ihren Körper übernehmen?
- Und wenn ja, wie können Sie das tun?

Ihr Geld

- Ist Geld (und was es ermöglicht) wichtig für Sie?
- Wie viel Kontrolle über Geld haben Sie in Ihrem Leben?
- Verdienen Sie Geld oder nicht?
- Wie viel verdienen Sie?
- Wenn Sie den Wunsch haben, in Ihrem Leben mehr Verantwortung für Geld zu übernehmen, wie können Sie das in die Wege leiten?

Ihre Arbeit

- Ist Arbeit wichtig für Sie?
- Wie viel Kontrolle haben Sie über die Arbeit, die Sie tun (zu Hause und draußen)?
- Was für eine Art von Arbeit führen Sie aus?
- Wie viel und wie hart arbeiten Sie?
- Wo arbeiten Sie?

- Wie können Sie mehr Verantwortung für Ihre Arbeit und deren Stellenwert in Ihrem Leben übernehmen?

Ihre Zeit

- Ist Ihnen Ihre Zeit wirklich etwas wert?
- Wie viel Kontrolle haben Sie darüber, wie Sie sie verbringen?
- Wie viel Kontrolle haben Sie über die „Freizeit", die Sie haben?
- Mit wem verbringen Sie Ihre Zeit?
- Wie viel Kontrolle haben Sie über die Zeit, die für Sie bleibt?
- Befriedigt Sie die Art und Weise, wie Sie Ihre Zeit verbringen?
- Wie können Sie mehr Verantwortung für die Art und Weise übernehmen, wie Sie Ihre Zeit verbringen?

Ihr Leben

- Bedeutet Ihnen Ihr Leben wirklich etwas?
- Wie viel Kontrolle haben Sie darüber, aus Ihrem Leben das zu machen, was Sie wirklich möchten?
- Wie viel Kontrolle haben Sie über die Art und Weise, wie Sie augenblicklich leben?
- Wie viel Kontrolle haben Sie darüber, wer zu diesem Leben gehört?
- Wie viel Kontrolle haben Sie über künftige Pläne und Ziele?
- Wie viel Kontrolle haben Sie darüber, wo Sie Ihr Leben verbringen?
- Wie könnten Sie mehr Kontrolle über Ihr Leben gewinnen?

Wenn Sie in irgendeinem dieser Bereiche weniger selbstbestimmt sind, als Ihnen lieb ist, stellen Sie sich die Frage, was Sie daran hindert, mehr Selbstbestimmung zu erlangen. Diese Überlegungen sollen dazu beitragen, dass Sie mehr Kontrolle über Ihr eigenes Leben bekommen. Sie sollten Ihre Lebensbedingungen selbst kontrollieren und bestimmen können: Wenn Sie Änderungen wünschen, dann fragen

Sie sich: Kann ich das ändern? Wenn nicht, warum nicht? Wenn doch, wie?

Mehr Kontrolle gewinnen setzt voraus, dass Sie sich Ihre Bedürfnisse und Wünsche bewusst machen. Nehmen Sie sich die Zeit und denken Sie über Ihr Leben nach. Was mögen Sie, was hassen Sie, was würden Sie gern ändern?

Unsere Zeit !

Gerade in Bezug auf die Zeit, die ja auch etwas ganz Persönliches ist, lässt sich der Umgang mit unseren Bedürfnissen erkennen. Ich möchte am Beispiel unseres Umgangs mit der Zeit einen Eindruck dessen vermitteln, was ich unter den nötigen konkreten Veränderungen bei und an uns selbst verstehe.

Es ist ja meist so, dass wir glauben, keine Zeit zu haben. Wir stehen ständig unter Stress und wissen nicht, wie wir die vielen Dinge in der ach so kurzen Zeit erledigen sollen. Wir glauben, die Zeit sei zu knapp. Ist dies wirklich so? Müssen wir uns diesem Stress wirklich aussetzen?

Ich möchte, dass Sie sich der Zeit beziehungsweise *Ihrer* Zeit bewusst werden und umdenken lernen, so dass sich hieraus praktische Konsequenzen für Ihren Alltag ergeben.

Beginnen wir mit unserem Grundverständnis von Zeit. Was fällt Ihnen ein, wenn Sie über „Zeit" nachdenken? Wie definieren Sie Zeit? Welche Begriffe fallen Ihnen zum Stichwort Zeit ein? Etwa: Keine Zeit haben, Lebenszeit, Zeitalter, Uhrzeit usw.? Denken Sie einmal darüber nach. Nehmen Sie sich Zeit, und schreiben Sie Ihre gefundenen Begriffe auf. Sie werden später besser über Ihr Zeit-Bewusstsein nachdenken können, wenn Sie Ihre Gedanken nachlesen.

Wenn Sie fertig sind, dann überlegen Sie doch einmal, inwiefern Zeit etwas Verbindendes sein kann.

Im Gegensatz dazu sollten Sie dann auch darüber nachdenken, ob Zeit auch etwas ganz Persönliches und deshalb Trennendes ist.

Wenn wir die allgemeine Definition von Zeit im Brockhaus nachschlagen, dann können wir dort lesen: „Zeit ist das im menschlichen Bewusstsein verschieden erlebte Vergehen von Gegenwart zu Vergangenheit, sowie von erwarteter Zukunft zu Gegenwart." Zeit ist also etwas Subjektives – wir alle erleben sie, wobei sie aber jede anders erlebt. Wir alle leben in der (historischen) Zeit, wodurch sie uns verbindet. Die Mitglieder einer Familie leben eine Zeitphase zusammen und erleben gemeinsam diese Zeit. Dennoch lebt dabei auch jede in ihrer persönlichen Zeit, in ihrer Lebenszeit. Die gemeinsame Zeit(-Phase) verbindet und trennt zugleich. Das gemeinsame Leben und Erleben ist vor allem bei den Kindern die Basis für deren persönliche Entwicklung, die später zur Trennung führt (denn die Kinder sollen ihr eigenes Leben gestalten).

Ich möchte Sie auf eine wichtige Gegebenheit aufmerksam machen. Was immer Sie tun, womit Sie auch die Zeit verbringen – es vergeht dabei immer auch der gleiche Teil Ihrer persönlichen Lebenszeit! Unser Leben hier auf der Erde ist begrenzt auf unsere persönliche Lebenszeit, deren Ende wir glücklicherweise nicht wissen. Diese unsere Lebenszeit, die wir in der geschichtlichen Zeit verbringen, ist letztlich relativ kurz. Wir sollten deshalb die ganz persönliche Lebenszeit in der historischen Zeit mehr beachten.

Ich habe schon oft gehört, wie gerade Frauen davon sprachen, dass sie so viel verzichtet hätten und deshalb jetzt, im Alter, vieles nachholen müssten. Mich stimmen solche Sätze traurig, da sie ein Beleg dafür sind, dass diese Frauen in der „Familienphase" nicht selbst gelebt haben. Sie haben ihre Zeit mit der Familienversorgung „verbracht" und nicht selbst bewusst gelebt. Sie hatten in der vielen Arbeit sich selbst und ihre persönliche Lebenszeit aus den Augen verloren, was ihnen jedoch erst dann auffällt, wenn sie wieder mehr Zeit für sich gewinnen. Dies ist meist dann der Fall, wenn die Kinder aus dem Haus gegangen sind. Viele Frauen stehen dann vor einem „Beschäftigungsloch". Sie wissen nichts mit sich und ihrer neu gewonnenen Zeit anzufangen. Dies ist schlimm, und es sollte nicht so weit kommen. Aber nicht nur Frauen in der Familienphase entfernen sich von ihrem Leben und ihrer Lebenszeit. Im Streben nach „immer mehr, immer größer, immer besser" verlieren immer mehr Menschen ihr Leben aus den Augen. Sie verlieren ihr Selbstwertgefühl und ihr Selbstbewusstsein in der Arbeitswelt und hoffen dabei auf einen Ausgleich durch finanzielle Erfolge und Konsum. Allzu häufig wird das eigentliche Leben und Erleben des eigenen Lebens auf später verschoben. Wir sollten uns nicht aufgeben und aufopfern für unsere Familien, Kinder, oder an Finanzen orientierten Hoffnungen. Wir sollten und wir können bewusst die eigene Lebenszeit an jedem Tag unseres Lebens gestalten und dabei viel für unser Leben an Freude und Zufriedenheit gewinnen. Schon 1904 schrieb Elisabeth von Arnim in ihrem Reiseroman „Elisabeth auf Rügen": „Und in all den Jahren, die man tunlich die reiferen nennt, bin ich zu der Überzeugung gelangt, dass nichts die Seele mehr erfrischt, als hin und wieder seine Pflichten hinter sich zu lassen. Genau das tat ich. O ihr strengen Märtyrerinnen auf der Folterbank eurer täglichen Musterhaftigkeit, o ihr blinden Befolger von Vorschriften, die euch auferlegt wurden – wüsstet ihr etwas davon, wie bekömmlich es ist und wie erfreulich, gelegentlich weniger musterhaft zu sein." Wir sollten nicht warten, bis wir in die „reiferen" Jahre gekommen sind – wir sollten keine Märtyrerinnen oder blinde Befolgerinnen sein! Genießen wir als Frauen unsere Freiräume! Wenn wir ein neues Zeitbewusstsein entwickeln, stellt sich eine bewusste Zeiteinteilung von selbst ein. Dies ist dann ein erster Schritt zu mehr Freiräumen.

Folgende drei Betrachtungsweisen sollen Sie als „Eckpfeiler" zu einem neuen persönlichen Zeitbewusstsein führen:

1.- Zeit ist (auch) etwas ganz Persönliches. Es ist *Ihre* Zeit. Lassen Sie diese Vorstellung zur Basis Ihres Zeitverständnisses werden.

2.- Ihnen allein obliegt die Entscheidungsgewalt über Ihre Zeit. Sie können und sollen selbst entscheiden, wie und womit Sie Ihre Zeit am sinnvollsten verbringen. Sie haben die Freiheit des eigenständigen Umgangs mit Ihrer Zeit, und Sie sollten sich dieser Freiheit bewusst sein.

3.- Aus diesen beiden Grundeinstellungen folgt die dritte fast von selbst. Wenn Sie davon ausgehen, dass die Zeit Ihnen persönlich gehört und Sie frei darüber verfügen können, dann können Sie mit ruhigem Gewissen sagen: „Ich habe Zeit!" – Sie haben Zeit!! Nur wer den Zusammenhang von Zeit zu seiner Person verloren hat und sich von außen gelenkt vorkommt, sagt: „Ich habe keine Zeit!"

Wie sehr wir uns die Zeit als etwas Äußeres, Unpersönliches vorstellen, lässt sich leicht verdeutlichen. Es gibt sehr viele Menschen, die die Zeit ausschließlich als Uhrzeit betrachten. Diese Menschen sind meist auch in besonderer Weise von der Zeit beziehungsweise von ihrer Uhr abhängig. In unserer hochtechnisierten Welt ist bei den meisten Menschen kein natürliches Zeitgefühl mehr vorhanden. Die Uhr hat den natürlichen Umgang mit der Zeit zum abhängigen Einteilen der messbaren Zeit gemacht. Die Uhr vermittelt das Gefühl, von Termin zu Termin zu leben – die Zeit dazwischen wird dadurch relativiert oder gar unwichtig. Dabei ist doch meist gerade die Zeit zwischen den Terminen diejenige, die zur persönlichen Verfügung steht.

Ich möchte Sie auffordern, einmal Ihre Uhr abzulegen und wegzustecken. Versuchen Sie, einen Tag lang ohne Uhr auszukommen, und resümieren Sie am Abend, wie Sie sich ohne Ihre Uhr gefühlt haben. Hatten Sie den

Eindruck, hilflos zu sein? Hatten Sie Angst, Termine zu verpassen? Oder haben Sie sich etwas freier, etwas ungebundener gefühlt?

Sicherlich ist es für manche nicht einfach, aber probieren Sie, ohne Uhr zu leben und ein neues Zeitgefühl zu entwickeln. Versuchen Sie, die Zeit beziehungsweise den Fluss der Zeit zu empfinden, und Sie werden erkennen, wie viel Zeit Sie haben. Sagen Sie immer wieder zu sich selbst:

Ich habe Zeit!

Es ist meine Zeit!

Ich kann frei darüber verfügen!

Versuchen Sie, darauf aufbauend ein natürliches Zeitgefühl zu entwickeln. Ein erster Grundsatz hierzu sollte die Vorstellung sein: *Sich Zeit nehmen bedeutet häufig auch, Zeit zu gewinnen!*

Wahrscheinlich kennen Sie alle die Situation des Zuspätseins. Sicherlich ist auch Ihnen schon häufig in dieser „Notlage" einfach alles schief gegangen. Statt dass alles besser und schneller lief, ging zudem noch einiges daneben. Gehen Sie diese Stresssituationen einmal anders an. Bleiben Sie in einer solchen Situation ruhig. Stellen Sie sich hin, atmen Sie kräftig durch und überlegen Sie in Ruhe, was noch zu tun ist. Dann erledigen Sie alles in der vorher bedachten Reihenfolge – und siehe da! Sie sind nicht später, als wenn sie in Hektik ausgebrochen wären. Es ist nur eine Sache der Übung, in solchen Stress verursachenden Situationen die Ruhe zu bewahren – versuchen Sie es! Sich zum Nachdenken Zeit nehmen ist ein deutlicher Gewinn, der sich auch bei der Zeiteinteilung auswirkt. Denken Sie also daran: Bevor der Stress aufkommt, nehmen Sie sich die Zeit, um in Ruhe alles zu überdenken. Überlegen Sie, wie und in welcher Reihenfolge Sie alles erledigen wollen – Sie werden sehen, Sie werden Zeit gewinnen.

Eine weitere Hilfe für die Wiederherstellung des Zeitgefühls stellt die Rhythmisierung des Lebens dar. Die Natur und alles Natürliche in ihr sind auf immer wiederkehrende Rhythmen ausgelegt. Der Rhythmus der Jahreszeiten, der Rhythmus der Mondmonate (28-Tage Zyklus) oder auch der Rhythmus der Tage mit ihrem Sonnenverlauf. Der Mensch lebt in diesen Rhythmen und hat trotzdem häufig keinen entsprechenden eigenen Rhythmus. Viele Menschen leben sogar entgegen dieser natürlichen Rhythmisierung in künstlichen Rhythmen (zum Beispiel Schichtarbeiter).

Neue Wege begehen

Gerade Frauen haben ein natürliches Empfinden für Rhythmen, für immer wiederkehrende Zeitphasen. Der Rhythmus der Periode und des Eisprungs markiert häufig auch den Rhythmus körperlicher Aktivität. Frauen können recht oft ihre körperlichen Kräfte sehr wohl einschätzen. Leider trimmt uns die Gesellschaft, über diese Kräftepotenziale hinaus aktiv zu sein. Wir lernen die Warnsignale des Körpers (Erschöpfung, Müdigkeit usw.) zu ignorieren, bis wir schließlich völlig verlernt haben, auf diese Körpersignale bzw. den Körper zu hören. Dieses Hören auf den Körper sollten wir wieder lernen. Wir sollten uns die Freiheit nehmen, diese Körper-Empfindungen bei der Einrichtung unserer Lebensrhythmen mit entscheiden zu lassen. (Hierzu mehr im Kapitel: Mit dem Körper in Einklang leben, in *Glück ist Lebenslust* ab S. 207)

Um zu verdeutlichen, wie sehr unser Körper Lebensbedingungen mitgestaltet, möchte ich ein Beispiel aus der Medizin anführen. Die Medizin hat zwei Aktivitätstypen gefunden (Zitat aus dem Buch: Die Regelkreise der Lebensführung – Gesundheitsbildung in Theorie und Praxis, von Schipperges, Vescovi, Geue und Schlemmer, Deutscher Ärzte-Verlag, Köln 1988, Seite 101): „Eine Tageskurve der Antriebskräfte und der

Schlaftiefe zeigt die Unterschiede im Phasenverlauf zwischen den ‚Lerchen' als Antriebstyp 1 und den ‚Eulen' als Antriebstyp 2 am Tage und bezüglich der Schlaftiefe in der Nacht. ... Leichtes Erwachen am frühen Morgen und alsbaldige Verfügbarkeit eines hohen Leistungspotenzials mit entsprechender Gestimmtheit, anhaltend bis zum Mittag, kennzeichnet also den Morgentyp, die ‚Lerche', und ein schwieriges Erwachen mit langsamer Entwicklung des Leistungspotenzials, dessen Optimum am Vormittag meist erst gegen 10 Uhr erreicht wird, ist für den Abendtyp, die ‚Eule', charakteristisch. Für beide Typen gilt dann ein ‚Mittagstief' etwa zwischen 12.30 Uhr und 15.00 Uhr und ein nochmaliger Anstieg der Antriebsentfaltung am Nachmittag, der abends bei den ‚Lerchen' linear rasch abfällt, bei den ‚Eulen' dagegen meist lange, bis vor Mitternacht, anhält."

Sicherlich finden auch Sie sich in einer dieser Beschreibungen wieder.

Wenn Sie ein Morgenmuffel sind, dann nutzt es wenig, wenn Sie in Ihrer Zeiteinteilung viele Aktivitäten in die Morgenstunden legen. Sie werden in dieser Zeit, trotz guten Willens, gewiss zu uneffektiv arbeiten. Gönnen Sie sich lieber die Zeit zum langsamen „Erwachen" und nutzen Sie Ihre Kräfte dann, wenn Sie voll einsatzfähig sind.

Finden Sie Ihre persönliche Kräftekurve heraus und planen Sie Ihren Tagesablauf danach. Sie sollten dabei drei Bereiche Ihrer Kräfte beachten:

Ihre Körperaktivität,

Ihre Nervenspannkraft,

Ihre geistige Aktivität.

Diese drei Bereiche haben meist jeweils eigene Höhepunkte, über den Tag verteilt. Wenn Sie zum Beispiel merken, dass Sie am Nachmittag eher abgespannt sind und Ihre Konzentration nachlässt, dann sollten Sie in dieser Zeit Arbeiten mit hohem Konzentrationsaufwand meiden – verlegen Sie Tätigkeiten, die wenig Aufmerksamkeit benötigen, in diese Zeitphase. Setzen Sie die Erkenntnisse über sich und Ihre Möglichkeiten, gemäß Ihrer Freiheit, so um, dass Sie damit in jeder Hinsicht zufrieden sind. Sie werden sehen, wie sich Ihr Tagesablauf optimiert und sich wie von selbst Freiräume eröffnen.

Gestalten Sie den Tag in seinem Verlauf rhythmisch, mit einigen gleichbleibenden Stationen wie zum Beispiel zweites Frühstück, Zeitunglesen, Entspannen (Drei Mal zwei Minuten bei geschlossenen Augen konzentriert Atmen hilft gegen Stress) usw. In den Phasen dazwischen wird sich die „Last" der täglichen Arbeiten verringern, und Sie werden er-kennen, dass Sie durch die Möglichkeit der eigenen Zeiteinteilung wirklich Freiheit besitzen. Bei einer – wie der Ausdruck schon sagt – „nicht-selbstständigen" Arbeit ist der Spielraum eigener Zeiteinteilung weitaus geringer als bei einer selbstständigen Tätigkeit. Aber in beiden Bereichen lassen sich Freiräume schaffen.

Auch wenn Sie anfänglich Ihre Zeiten (zum Eingewöhnen Ihres Rhythmus) nach der Uhr einrichten, so wird sich schon bald durch das immer Wieder-kehrende (die Rhythmisierung) ein natürliches Zeit-gefühl einstellen. Sie werden merken, dass Sie immer mehr auf die Uhr verzichten können, da Sie es selbst empfinden werden, wann die Zeit für dieses oder jenes gekommen ist. Hören Sie auf Ihren Körper! Erspüren Sie Ihre Kräftekurve! Richten Sie Ihren Tagesablauf entsprechend ein! Versuchen Sie es! Es lohnt sich!

Doch an dieser Stelle sei auch eine Warnung ausgesprochen: Rhythmisieren Sie Ihr Leben nicht zu sehr! Wenn Sie Ihr Leben zu sehr einteilen und in einen täglich gleichbleibenden und sich wiederholenden Rhythmus bringen, kann es zu einer solchen Ge-wöhnung kommen, dass Sie Ihr Leben nur noch ableben. Das menschliche Gehirn braucht Abwechs-lung, um aktiv zu bleiben! Rhythmisierung ist gut und sinnvoll, solange sie dazu genutzt wird, Freiräume für Abwechslung und Emotionalität zu schaffen!

Ich hoffe, Sie können meine Anregungen umsetzen. Hierzu noch einige Tipps.

Betrachten Sie Ihre derzeitige Zeiteinteilung. Nehmen Sie sich ein Blatt und falten Sie dieses längs in der Mitte und dann wiederum längs in der Mitte. Es sollten so vier Längsspalten entstehen.

Die erste Spalte versehen Sie nun mit der Überschrift „Tätigkeiten der Woche". Schreiben Sie in dieser Spalte untereinander alles auf, was Sie innerhalb einer Woche so alles tun. Schreiben Sie alles auf, vom Wäschewaschen über das Staubsaugen bis hin zum Duschen. Sie sollten keine Reihenfolge einhalten oder den jeweiligen Zeitaufwand vermerken – schreiben Sie nur auf, was Sie so tun!

Tätigkeiten der Woche:
Kochen
Waschen
Aufhängen
Zeitung lesen
Fernsehen
Einkaufen
Baden
usw.

Wenn Sie glauben, dass Sie genug aufgeschrieben haben, dann schreiben Sie über die verbliebenen drei Spalten die Überschriften: „für andere", „für mich und andere", „für mich".

Gehen Sie nun Ihre Liste durch und machen Sie bei Ihren Tätigkeiten jeweils ein Kreuz in der zutreffenden Spalte:

Tätigkeiten der Woche	für andere	für mich und andere	für mich
Kochen		XX	
Waschen		XX	
Aufhängen		XX	
Zeitung lesen			XX
Fernsehen			XX
Einkaufen		XX	
Baden			XX
usw.			

Betrachten Sie nun Ihre Liste und beurteilen Sie Ihr eigenes Abschneiden. Bei den Gelegenheiten, bei denen ich Frauen zu einer solchen Liste aufgefordert habe, war das Staunen meist groß. Vielen Frauen fiel auf, dass Sie ja eigentlich ganz schön viel für sich selbst taten, dies aber gar nicht bemerkten. Die Tätigkeiten für die Familie sind oft auch von eigenem Interesse. Auch als „Single" müssten Sie Ihre Wäsche waschen oder für sich selbst kochen. Die Familien- oder notwendige Hausarbeit ist nicht nur eine „Aufopferung" für andere.

Dennoch betrachten Sie Ihre Liste auch einmal unter dem Aspekt möglicher Arbeitsteilung. Welche Tätigkeiten könnten durchaus auch von den Kindern oder vom Partner übernommen werden?

Viele Frauen glauben, dass sie alles alleine machen müssen. Nicht, weil die anderen sowieso nichts tun würden (meist wurden die nicht einmal gefragt), sondern weil diese Frauen glauben, dass nur sie alles gut genug machen. Deshalb ist Folgendes bei der Abgabe von Arbeit wichtig: Sie sollten dann, wenn Sie Arbeiten von anderen erledigen lassen, die Grundeinstellung haben, dass Sie selbst diese Arbeit nicht besser machen würden. Reden Sie mit allen Beteiligten und machen Sie deutlich, dass nicht immer alles so perfekt (wie von „Muttern" oder wie von der Chefin selbst) sein muss. Machen Sie sich frei von dem Gefühl, unabkömmlich und allein verantwortlich zu sein! Lassen Sie die anderen auch Verantwortung tragen und nutzen Sie die gewonnenen Freiräume, um sich selbst etwas zu gönnen.

Achten Sie dabei darauf, dass Sie nur ganze Arbeitsabläufe abgeben. Sonst stehen Sie am Ende mit einem Haufen teilfertiger Arbeit da und brauchen deshalb letztlich mehr Zeit als vorher. Wer zum Beispiel den Tisch abräumt, sollte das Geschirr auch so zusammenstellen, dass es leicht zu spülen ist (oder es sollte auch direkt in die Spülmaschine gestellt werden). Der Ärger über einen Berg wild durcheinander gestellten Geschirrs mit Essensresten oder gar noch essbaren Lebensmitteln ist sicherlich größer als die Freude über den abgedeckten, aber nicht sauber- gewischten Tisch.

Wenn Sie mit der Arbeit auch Verantwortlichkeiten abgeben, dann gönnen Sie sich *die Gelassenheit, sich unverantwortlich zu fühlen*. Nur wenn Sie nicht immer wieder selbst alles „ins Reine" bringen, können die anderen erfahren, dass sie ihre Verantwortlichkeiten vernachlässigen. Wenn vergessen wurde, die Spül- maschine einzuschalten, dann ist zur nächsten Mahlzeit eben kein Geschirr da, fertig!

Falls bezüglich der Arbeitsteilung von „Ihren Lieben" oder Ihren Kolleginnen der Einwand erhoben wird, dass deren Freiheit eingeschränkt wird, so machen Sie auf Ihre Freiheit aufmerksam! Sich selbst ernster nehmen ist kein Egoismus!

Wenn wir über Zeit und mögliche Zeitverschwendung nachdenken, so sollten wir auch über unsere eigene Arbeitsorganisation reflektieren. Wie steht es mit der Organisation unserer Arbeit? Haben Sie den Eindruck, dass Sie Ihre Arbeit systematisch und optimiert betreiben? Denken Sie einmal in Ruhe darüber nach.

Haben Sie Kritikpunkte an Ihrer Arbeitsweise gefunden?

Wie können wir unsere Arbeit optimieren? Ein ganz einfacher Ansatz ist zum Beispiel der, alles, was zu einem Arbeitsgang gehört, auch an einer Stelle zusammen aufzubewahren. Alles sollte auch da stehen, wo es gebraucht wird. Sie können sich dadurch einiges an Laufarbeit ersparen. Das klingt zwar banal, aber – ist in Ihrem Haushalt oder an Ihrem Arbeitsplatz in diesem Sinne alles optimal platziert?

Sie sollten auch versuchen, Ihre Arbeitsgänge zu rhythmisieren. Dadurch kann ein Arbeitsvorgang so zur „Nebensächlichkeit" werden, dass die Gedanken wieder mehr eigenen Spielraum haben. Wenn eine Arbeit zu einer Reihenfolge von Handgriffen wird, dann erledigt sie sich wie von selbst. Sie ist „mechanisiert" und muss nicht mehr vom Kopf überwacht werden. Sie gewinnen dadurch die Zeit, trotz der Tätigkeit an etwas anderes zu denken oder bewusst Radio zu hören. Ich denke dabei im Haushalt an Arbeiten wie Bügeln, Spülen oder ähnliche Reinigungsarbeiten. Je nach Erwerbstätigkeit lassen sich sicherlich auch ähnliche Tätigkeiten finden, die als Arbeitsvorgänge rhythmisiert werden können.

Das Radio bietet vielfältige Möglichkeiten der Entspannung oder auch Weiterbildung. Alles ist dabei so gestaltet, dass es vor dem Auge des Bewusstseins erscheint, ohne dabei räumlich anzubinden (im Gegensatz zum Fernsehen!). Das Radio ist als „geistige Freundin" bei vielen Arbeiten zu empfehlen. Vielleicht können Sie sich Ihre Tätigkeiten sogar am Radioprogramm orientiert einteilen – und schon haben Sie Interessantes für Ihren Kopf und trotzdem nichts vernachlässigt.

Wenn Sie sich Ihren Arbeitstag gestalten, dann sollten Sie sich auch von dem Druck befreien, dass jede Arbeit direkt erledigt werden muss. Die Wäsche zum Beispiel muss nicht unbedingt direkt nach dem Waschen auch aufgehängt werden. Solche Arbeiten können getrost auf den richtigen, Ihnen angenehmen Zeitpunkt warten. Natürlich sollte die Wäsche nicht tagelang in der Trommel liegen...

Entsprechende Beispiele lassen sich auch im Erwerbsalltag finden.

Ich hoffe, Sie erkennen, in welch vielfältiger Weise Sie Ihre Zeit so für sich einteilen können, dass Ihre eigenen Bedürfnisse nicht zu kurz kommen. Denken Sie immer daran, dass Sie Ihre Zeit – frei nach dem Grundsatz: „Ich habe Zeit" – einteilen können. Sich Zeit nehmen bedeutet dabei, wirklich mehr Zeit zu gewinnen. In Ruhe und Ausgeglichenheit lassen sich die meisten Dinge in einem weitaus geringeren Zeitaufwand erledigen als in Hektik und innerer Unruhe. Dieser neue Umgang mit der Zeit bringt auch vielerlei Neuerungen im Alltag. Gehen Sie Ihren neuen Weg! Lernen Sie Ihre Bedürfnisse kennen und lernen Sie diese auch durchzusetzen. Sie werden sehen, wie gut es allen Beteiligten dabei geht – nach der Überwindung einiger anfänglich möglicher Schwierigkeiten, versteht sich! Wer als ewige Ja-Sagerin bekannt ist, die wird beim ersten Nein auf Gegenwehr stoßen. Lassen Sie sich davon nicht entmutigen oder gar gänzlich aus Ihrem Konzept bringen!

Ich hoffe, dass ich Ihnen mit meinen Ausführungen Anregungen und Gedankenanstöße gegeben habe, die Ihnen in Ihrer Situation als Frau weiterhelfen. Ich habe versucht, auf möglichst viele Aspekte des Frauseins in unserer Zeit einzugehen. Einen Schwerpunkt habe ich dabei auf den Zusammenhang des Frauenbildes, welches mit Hausarbeit verknüpft ist, gelegt. Selbstbewusstsein und Emanzipation sind nicht nur den erwerbstätigen Frauen vorbehalten. Leider wird es jedoch für Vollzeit-Hausfrauen immer schwieriger, mit dem Bewusstsein zu leben, dass auch ihre Tätigkeit Ausdruck ihres Selbstbewusstseins sein kann. Ich wünsche mir, dass sich Vollzeit-Hausfrauen in ihrer Tätigkeit emanzipiert fühlen und hoffe, dazu einen Beitrag geleistet zu haben. Ich möchte aber auch den in

Teilzeit oder gar Vollzeit erwerbstätigen Frauen deutlich machen, dass ihre Hausarbeit, die sie so nebenbei erledigen müssen, wertvolle Arbeit ist. Die Geschichte der Frau und der Hausarbeit, die Einflüsse der Sozialisation und der Erziehung, all das sollte zeigen, dass es kein „typisches Frau-Sein" gibt! Es gibt keine typische Frau, sondern nur das Bild der typischen Frau und die allzu häufig dazugehörigen Bilder der aufopfernden Familien- und Hausarbeit sowie der modernen leistungs- und konsumorientierten, schlanken, schönen und reichen Karrierefrau. Wir müssen weder dem einen noch dem anderen Bild entsprechen! Deshalb sollte und kann jede von uns so Frau sein, wie es ihrer Persönlichkeit entspricht. Machen wir uns frei von dem vermeintlichen Ideal der typischen Frau, und leben wir unser Leben! In dieses unser Leben integrieren wir unsere zusätzliche, aber nicht anerkannte Hausarbeit – und nicht umgekehrt!

Wir sollten erkennen, dass alles bisher Gedachte nicht zwingend notwendig so gedacht werden muss. Alles ist ausschließlich eine Sache der Gewohnheit. Um unser selbstbewusstes Denken und unsere zurück gewonnene Emotionalität fest in unser Leben zu verankern, sollten wir es zur Gewohnheit werden lassen. In einem Buch über das richtige Reden habe ich hierzu recht interessante Regeln entdeckt. Das Buch heißt: „Reden müsste man können...", und wurde von Harald Scheerer geschrieben. Auf Seite 113 heißt es: „Was Du ändern willst, mach' zur Gewohnheit. Was sind Gewohnheiten? Gewohnheiten sind Programme im Unterbewusstsein. Gewohnheiten sind Verhaltensweisen, die wir in bestimmten Situationen anwenden, ohne darüber nachdenken zu müssen. Wir verhalten uns unbewusst so – vom Unterbewusstsein gesteuert. Wir müssen also das Programm im Unterbewusstsein – welches heißt: ‚Leise sprechen' – durch ein neues Programm ersetzen, welches heißt: ‚Lauter sprechen'."

Genau hier, im letzten Satz des Zitates, liegt der Schlüssel für den notwendigen Wandel unserer derzeitigen gesellschaftlichen Situation. Wir Frauen leben die überholten Programme, die da heißen: „Wir sollen uns aufopfern, wir sollen abgeben, wir sollen im männlichen Verständnis erfolgreich sein usw.". Wir sollten die neuen Erkenntnisse des freien und selbstbewussten Frauseins in unser Unbewusstes tragen, damit wir die entsprechenden neuen Programme ganz selbstverständlich leben. Hierzu sollten wir uns alle genannten Aspekte dauernd bewusst machen. Wir sollten immer wieder an die emanzipatorischen Faktoren, die zur befreiten Persönlichkeit und zur Gleichwertigkeit von Weiblichkeit und Männlichkeit führen möchten, denken. Scheerer nennt auf Seite 116/117 zwölf Leitsätze, die ich hier wiederholen möchte. Ich denke, sie sind eine wirklich gute Methode, um Verhaltensänderungen bei sich selbst herbei zu führen.

„1. Leitsatz: Wenn ich etwas bei mir verändern will, dann muss ich genau wissen, was ich ändern will. Diese gewünschte Veränderung muss ich als Ziel formulieren und das Erreichen dieses Zieles zum festen Vorsatz machen. (Zielklarheit)

2. Leitsatz: Ich muss diesen Vorsatz zu meiner Gewohnheit machen – zur Gewohnheit, „es nicht mehr zu tun", wenn es eine Eigenschaft ist, die ich ablegen will – zur Gewohnheit, „es zu tun", wenn es eine Eigenschaft ist, die ich mir aneignen will.

3. Leitsatz: Gewohnheiten sind Programme im Unterbewusstsein. Ich programmiere mein Unterbewusstsein durch ständiges Bewusstmachen – also ständiges Denken an meinen Vorsatz.

4. Leitsatz: Ich stelle mir dauernd vor, wie es sein wird, wenn die gewünschte Veränderung eingetreten ist, wenn ich also meinen Vorsatz erreicht habe.

5. Leitsatz: Ich denke einfach so, als ob das, was ich will, schon eingetreten wäre.

6. Leitsatz: Ich formuliere meinen Vorsatz positiv. Also nicht: ‚Ich höre nie mehr nicht zu', sondern: ‚Ich höre immer und überall zu'.

7. Leitsatz: Je häufiger ich an meinen Vorsatz denke, desto früher erreiche ich ihn, desto eher wird er zur Gewohnheit. Damit ich möglichst häufig daran denke, schaffe ich mir Gedächtnishilfen.

8. Leitsatz: Ich bitte Freunde, Angehörige, Mitarbeiter, mir zu sagen, wenn ich nicht nach meinen Vorsätzen handle. (Geht nicht bei allen Vorsätzen.)

9. Leitsatz: Ich bilde mir meine eigenen Vorsatzformeln und spreche sie morgens, mittags, abends mindestens 25-mal. Zum Beispiel: ‚Ich höre immer und überall zu'.

10. Leitsatz: Ich fasse immer nur einen Vorsatz. Erst, wenn ich Ihn erreicht habe, fasse ich den nächsten Vorsatz.

11. Leitsatz: Ich beginne mit einfachen Vorsätzen, damit ich möglichst bald Erfolg habe.

12. Leitsatz: Je mehr ich überzeugt bin, dass meine Ziele, meine Vorsätze erstrebenswert sind, und je mehr ich überzeugt bin, dass ich mich verändern werde, desto eher werde ich erreichen, was ich erreichen will.

Diese Leitsätze können Sie für alle realistischen Verhaltensziele einsetzen."

Ich denke, auch uns als so vielfach belasteten Frauen können diese Leitsätze helfen, unserem Ziel des selbstbewussten und emotional erfüllten Frauseins näher zu kommen. Schritt für Schritt, das heißt Vorsatz für Vorsatz, können wir diesem Ziel näher kommen. Machen wir unser neues Denken und Handeln zur Gewohnheit. Leben wir ein emanzipiertes und emotional erfülltes Frausein!

Aspekte der gesellschaftlichen Unterdrückung entlarven und überwinden

Frauen in der Arbeitswelt

Auch wenn sich in den zwanzig Jahren seit der Erstausgabe dieses Buches einiges verändert hat, so erscheint mir das, was 1995 an dieser Stelle stand, doch nicht überholt. Im Gegenteil, die Situation auf dem Arbeitsmarkt hat sich in gewisser Weise zugespitzt. Zwar sind nicht mehr so viele Menschen arbeitslos, aber immer mehr Menschen befinden sich in sogenannten „prekären" Arbeitsverhältnissen. Unbefristete Arbeitsverträge, die eine Zukunftsperspektive bieten, sind aus der Mode gekommen. Zeitarbeitsverträge sind ebenso üblich wie Mini- oder Midijobs. Dabei sinkt trotz Einführung eines Mindestlohns der Lohnspiegel kontinuierlich. Wenn ein Mensch in früheren Jahren seine Stelle wechselte, so hat sie oder er immer *mehr* verdient. Heute ist ein Stellenwechsel, zumindest für die niederen und mittleren Einkommen, sehr häufig, wenn nicht sogar immer mit Lohneinbußen verbunden, obwohl uns allen immer wieder erklärt wird, dass das Durchschnittseinkommen weiter wächst. Fragt sich nur: für wen? „Hierzu eine kleine Beispielrechnung: Wie kann es sein, dass das durchschnittliche Einkommen zwar steigt, aber dennoch immer mehr Einkommensbezieher immer weniger erhalten? Dies lässt sich ganz leicht anhand einer kleinen Beispielrechnung erklären. Nehmen wir einmal an:

AN = Arbeitnehmer, zus. = zusammen

- 10 AN verdienen je 5 000 Euro = zus. 50 000 Euro
- 30 AN verdienen je 3 500 Euro = zus. 105 000 Euro
- 100 AN verdienen je 1 500 Euro = zus. 150 000 Euro

Somit verdienen 140 Arbeitnehmer zusammen 305 000 Euro, also im Durchschnitt 2 178,57 Euro. Nun vergeht einige Zeit und die Einkommen verändern sich:

- 10 AN verdienen je 7 000 Euro = zus. 70 000 Euro
- 15 AN verdienen je 4 500 Euro = zus. 67 500 Euro
- 115 AN verdienen je 1 500 Euro = zus. 172 500 Euro

Somit verdienen 140 Arbeitnehmer zusammen 310 000 Euro, also im Durchschnitt 2 214,28 Euro.

In beiden Fällen klingt der Durchschnittsbetrag der Einkommen recht hoch, dabei erhält die Mehrheit der Arbeitnehmer einen weitaus kleineren Betrag. In der zweiten Beispielrechnung ergibt sich ein höherer Durchschnittsbetrag, also ist das durchschnittliche Einkommen gestiegen; dennoch haben mehr Arbeitnehmer als zuvor einen weitaus kleineren Betrag zur Verfügung. Tja, so ist das mit der Statistik! Manch einer hält es da mit der unter Statistikstudenten bekannten selbstironischen Steigerungsformel: Lüge – Betrug – Statistik!" (aus meinem Buch: Hartz IV und Co.: Wie unsere Gesellschaft Armut provoziert – und wie Betroffene ihre Würde bewahren, S. 92f)

Wie dieser Textauszug belegt, sind Aussagen zum gestiegenen Durchschnittseinkommen mit Vorsicht zu genießen. Wird die Tatsache von 30 Prozent Hartz IV-Empfängern, die als sogenannte „Aufstocker" dieses Geld beziehen *müssen*, da sie mit ihrem Einkommen nicht auskommen, in die Bewertung der Einkommenssituation mit einbezogen, so wird deutlich, wie prekär die Lage heute ist, nicht nur auf einzelne Menschen, sondern auf die Gesellschaft insgesamt bezogen. Im Zuge kontinuierlicher Gewinnmaximierung werden Arbeitsabläufe umstrukturiert und Arbeitsplätze abgebaut. Übrig bleiben immer mehr Arbeitsplätze, die schlecht bezahlt sind und immer weniger übertrieben hoch entlohnte Stellen. Der sogenannte Mittelbau bricht auf dem Arbeitsmarkt weg.

In Zeiten wirtschaftlicher Rezession ist es unwahrscheinlich, dass für alle genügend Arbeitsplätze vorhanden sind. Entsprechend alter Rollenbilder werden die Arbeitsplätze vorwiegend den Männern überlassen. Die Vorstellung, ein Mann muss ja eine Familie ernähren, ist hier noch immer maßgebend. An alleinerziehende Frauen oder Frauen, die ihre Familie ernähren, wird noch immer wenig gedacht. Frauen müssen in der Vorstellung der Arbeitswelt ja keine Familie ernähren! Das hat auch etwas mit der Vorstellung von Familie zu tun: Eine Frau mit Kind oder Kindern wird nicht als Familie erachtet, sie ist eine alleinerziehende Mutter! Hier sei ganz deutlich darauf hingewiesen: Eine alleinerziehende Person ist ebenso eine Familie, wie ein kinderloses Ehepaar! (Natürlich auch, wie jedes unverheiratete Paar mit oder ohne Kindern. Ich habe hier nur den Begriff Ehepaar gewählt, da mit der rechtlich gegebenen Ehe ja auch der Begriff Familie vielfach verbunden ist. In der Soziologie wird schon lange nicht mehr von Familie gesprochen, sondern von der Lebensgemeinschaft mit oder ohne Kinder!) Zurück zur Frau, die nach der Vorstellung der Arbeitswelt keine Familie ernähren muss. In diesem Zusammenhang denkt niemand an deren persönliche *Wertempfindung*. Aus Studien über Langzeitarbeitslose ist bekannt, dass viele arbeitslose Männer unter Minderwertigkeitsgefühlen und Depression leiden. Warum sollte dies bei den Frauen anders sein?

Wenn wir für alle potenziellen Arbeitnehmenden, Frauen wie Männer, genügend Arbeitsplätze schaffen wollen, wenn wir die Umsetzung nicht nur von Gleichbehandlung der Arbeitskraft von Frauen und Männern, sondern auch die Emanzipation im Sinne der Gleichwertigkeit von Weiblichkeit und Männlichkeit in der Arbeitswelt durchsetzen wollen, dann bedarf dies eines völlig neuen Denkens. Meines Erachtens genügt es nicht, die Arbeitszeit auf 38,5 Stunden herabzusetzen. Überall hat die Arbeitszeitverkürzung nicht zu mehr Arbeitsplätzen, sondern zu einer Mehrbelastung der Arbeitnehmerinnen geführt. Auch die Möglichkeit, auf Halbtagsstellen umzustrukturieren, genügt nicht. Für viele Arbeitgeber sind Halbtagskräfte auf Grund der geltenden gesetzlichen Bestimmungen einfach zu teuer. Kleine und mittelgroße Unternehmen sind, bei der gegenwärtigen Abgabenregelung für Arbeitnehmer, nicht in der Lage, viele Halbtagsstellen einzurichten. Diese Betriebe, aber auch Großbetriebe, greifen deshalb viel lieber auf die Regelung von steuerfreien Arbeitsplätzen – also auf die „450 Euro-Regelung" – zurück. Es ist bereits bewiesen, dass gerade Frauen in solchen Arbeitsverhältnissen tätig sind. Sie erhalten wenig Lohn und sind sozial kaum abgesichert. Diese Art der Stellenbesetzung ist gerade deshalb besonders unbefriedigend, da sie meist Frauen sozial benachteiligt.

Die einzig gleichberechtigende Lösung des Arbeitsplatzproblems sehe ich in der *allgemeinen* Herabsetzung der Arbeitszeit auf 20 oder 25 Wochenstunden. Bei wirklich geringerer Arbeitszeit müssen zwangsläufig mehr Menschen beschäftigt werden. Nicht nur die Männer, sondern auch die Frauen könnten „voll" erwerbstätig sein. Bei optimaler Zeiteinteilung könnte jeweils ein Partner zuhause Hausfrau(-mann) und der andere Erwerbsfrau(-mann) sein. Für die Versorgung von Haushalt und Kindern sowie für die Sicherung des Lebensunterhalts wäre optimal gesorgt. Psychische Probleme der Über-belastung oder Minderwertigkeit wegen Erwerbslosigkeit wären beseitigt. Sinnfindung außerhalb der erzwungenen und stressbeladenen Erwerbstätigkeit möglich.

Ich gebe zu, dass diese Vorstellung nicht wissenschaftlich fundiert ist. Ich bin keine Wirtschaftsfachfrau und weiß deshalb nichts von der wirtschaftlichen Durchsetzbarkeit meiner Gedanken. Trotzdem kann ich mir eine solche Lösung sehr gut vorstellen und halte sie deshalb für bedenkenswert. Es kann doch einfach nicht angehen, dass immer weniger Leute immer mehr Geld verdienen, während gleichzeitig immer mehr Menschen an die Armutsgrenze geraten (dies immer häufiger auch trotz Vollzeit-Erwerbstätigkeit). Das Problem der Integration der Frauen als gleichwertige Arbeitskräfte ist deshalb nicht nur ein feministisches Problem, sondern ein sehr sozialpolitisches! Es geht eben nicht nur um die Integration weiblicher Arbeitskraft, sondern auch um die Integration von Weiblichkeit. In der Arbeitswelt und bei den politischen und wirtschaftlichen Entscheidungen sollte der Mensch nicht weiter ausschließlich als Arbeitstier zur Gewinnmaximierung erachtet werden. Der Mensch ist mehr als eine nutzbare Ressource im Arbeitsweltmechanismus. Erwerbsarbeit sollte der finanziellen Absicherung des Lebens dienen. Das Leben sollte nicht ausschließlich durch Erwerbsarbeit gefüllt sein. Zurzeit sprechen immer mehr Menschen von Work-Life-Balance – dem Gleichgewicht von Erwerbsarbeit und sonstigem Leben. Vielfach scheint mir dieses Phänomen ein Luxusproblem zu sein, denn die Menschen mit geringen und oft auch mittleren Einkommen haben kaum noch ein Leben neben der Erwerbsarbeit, welches sie mit ihrer Arbeit in Balance bringen könnten. Dies halte ich für eine sehr erschreckende Entwicklung! Unter Weiblichkeit in der Wirtschafts- und Arbeitswelt verstehe ich unter anderem die notwendige Orientierung an der Fürsorgepflicht von Arbeitgeberinnen gegenüber ihren Arbeitnehmerinnen. Um dieser Fürsorgepflicht gerecht zu werden, sollten Vorstände sich nicht ausschließlich an der Gewinnmaximierung und damit an der Zufriedenheit ihrer Aktionäre, sondern auch an der Zufriedenheit und Gesundheit ihrer Mitarbeiterinnen orientieren.

Unter dem Stichwort Arbeitsplatz ist auch das Phänomen der schlechter bezahlten Frauenarbeit zu nennen. Noch immer wird für gleichwertige Arbeit von Frauen durchschnittlich 22 Prozent weniger bezahlt. Inzwischen haben Frauen ihre männlichen Kollegen in Sachen Qualifikation eingeholt. Während noch vor zwanzig Jahren die Männer hinsichtlich ihrer Qualifikationen weit vor den Frauen lagen, haben diese sie inzwischen überholt. Inzwischen besitzen 27% der

Frauen zwischen 25 und 34 Jahren einen Universitäts-beziehungsweise Fachhochschulabschluss oder einen Meisterbrief. Bei Männern liegt der entsprechende Anteil nur bei 25%! Doch da Frauen für die Vereinbarkeit von Familie und Beruf vielfach auf Teilzeitstellen zurückgreifen, liegt ihr durchschnittliches Einkommen dennoch deutlich unter dem der Männer.

Dies ist jedoch nicht das schlimmste Problem. Viel weitreichendere Folgen hat der Umstand, dass Frauen immer noch zum großen Teil in den „typischen" Frauenberufen oder in weniger qualifizierten Arbeitsfeldern tätig sind. Diese Berufe sind am unteren Lohnniveau angesiedelt. Dabei erscheint auch prinzipiell die Bezahlung z.B. bei Erziehungs- und Pflegeberufen heute (bezogen auf deren Notwendigkeit) unangemessen niedrig. „Irgendwann einmal wurden die heute nur noch schwer nachvollziehbaren Bewertungs-kriterien für leistungsgerechte Bezahlung entwickelt. Es scheint an der Zeit, diese offen zu diskutieren und den veränderten gesellschaftlichen Bedingungen anzupassen. Grundlegende Rahmenbedingungen, die der Herstellung von Gleichheit dienen sollten, widersprechen dem Gleichheitsgrundsatz." (aus meinem Buch: Hartz IV und Co.: Wie unsere Gesellschaft Armut provoziert – und wie Betroffene ihre Würde bewahren, S. 112f) Für die Mehrzahl der Frauen ergibt sich dadurch bei der Partnerwahl automatisch der Zustand, dass der Mann mehr verdient als die Frau. Bei einer notwendigen Entscheidung bezüglich der Elternzeit wird dann *immer* das Los auf die Frau fallen. Wer mehr verdient, bleibt weiter voll erwerbstätig, damit die Familie auf besseren wirtschaftlichen Füßen steht. Bei einer prinzipiellen 20(oder 25)-Sunden-Arbeitswoche käme dieses Problem nicht mehr auf, da beide Elternteile sich im Wechsel um das Kind kümmern könnten. Für heute ist dieses gesellschaftliche Problem nur dann zu lösen, wenn geschlechtsspezifische Berufsbilder verschwinden. Alle Berufe sollten nach Eignung besetzt werden. Nicht jeder Mann eignet sich zum Ingenieur und nicht jede Frau zur Krankenschwester. Außerdem sollten die Männer, welche in einer finanziell gleichberechtigten Partnerschaft leben, mehr Mut zur Familie zeigen. Erst wenn sich mehr Männer für ein Hausmanndasein entscheiden, wird auch dieses Berufsbild mehr Anerkennung finden. Die Frauen sollten mehr Mut aufbringen, ihre Partner dahingehend zu unterstützen. Wir Frauen sind bei Haushalt und Kinderbetreuung nicht unentbehrlich. Männer können hier genauso gut ihre Frau stehen!

Ich möchte an dieser Stelle noch einen weiteren Aspekt der Frau im Berufsleben anführen. Eine Politikerin beurteilte ihre Kolleginnen folgendermaßen: „Kompetent, bienenfleißig – und nur in den Vorhöfen der *Macht*". Im deutschen Bundestag sind die Frauen mit inzwischen 36 Prozent vertreten, 1995 waren es nur 20 Prozent. Dennoch sind Frauen noch immer deutlich in der Minderheit. Aber nicht nur die geringe Anzahl der Frauen ist zu beanstanden, sondern auch die Arbeitszuteilung. „Denn die sogenannte ‚große Politik', so die Kritik der Frauen, werde wie eh und je von Männern gemacht: Wenn es zur Sache geht, bei der Verteilung des Geldes, in der Verfassungskommission, in den Gremien, die das neue Asylrecht aushandeln oder über die Zukunft der Bundeswehr streiten, sind die Männer weitgehend unter sich. Frauen kommen zum Zuge, wenn es um die sogenannten ‚weichen Themen' geht: Um Familien, um Kinder, um alte Menschen." (dieses Zitat ist dem „Bundestag – Report", 2/93, Seite 28 entnommen.) Auch in der Politik wird hier ganz deutlich, dass es der Emanzipation um ein Umdenken gehen sollte! Die Zuordnung „weiche Themen" zu Frauen, „harte Politik" zu Männern, findet sich nicht nur in der Politik wieder. Sie sollte aufgehoben werden. Denn Weiblichkeit und Männlichkeit sollte gleichwertig in Wirtschafts- und Gesellschaftsstrukturen integriert sein.

Dies sollte aber schon „im Kleinen" geschehen! Nicht nur in der Politik leiden Frauen unter mangelnder

Anerkennung ihrer Positionen. In einem Büro mit einem weiblichen und einem männlichen Sachbearbeiter sind die meisten Menschen immer noch geneigt, eher den Mann als die Frau anzusprechen. Die Vorstellung, die Frau sei sicherlich nur die Sekretärin des Mannes, führt zu solchem Verhalten. Wir sollten endlich anerkennen, dass immer mehr Frauen als Sachbearbeiterin, Beamtin, Ressortleiterin, Filialleiterin und dergleichen tätig sind. Nicht immer ist ein Mann in einer höheren Position als eine Frau. Denken Sie daran, wenn Sie das nächste Mal in ein Büro eintreten. Scheuen Sie sich nicht, der anwesenden Frau die Kompetenz zu Ihrer Problemlösung zuzusprechen! Wir sollten uns auch der Diffamierungen von Frauen in der Arbeitswelt bewusst werden und uns diesen entgegen stellen.

Die Frau in der Werbung

Die Werbung ist ein besonderes Beispiel dafür, wie das Frauenbild in unserer Gesellschaft von außen gesteuert und geprägt wird. Wir alle werden täglich auf vielfältige Weise mit Werbung konfrontiert. In der Zeitung, in Zeitschriften, auf Werbeplakaten, durch das Radio und natürlich durch Fernsehen und Internet.

Vielleicht erinnern sich noch einige an ältere Werbespots. Wie schnell hat „Der General" (Reiniger) auch höchst verschmutzte Fußböden mit einem „Zauberwirbel" saubergezaubert. Auch „Stahl-Fix" reinigte in Sekundenschnelle die verbranntesten Pfannen und Töpfe. Der „Weiße Riese" ließ kilometerlang weiße Wäsche erstrahlen, und die Frau stand strahlend daneben. Hier ließen sich noch viele Werbespots anführen. Inzwischen werden der Frau auch mal ein Mann oder Kinder zur Seite gestellt. Dies vermittelt den Betrachtenden ein Gefühl von: „Die ganze Familie beziehungsweise wir alle haben etwas davon, wenn mit diesem Waschmittel gewaschen oder mit diesem

Putzmittel geputzt wird!" Doch noch immer „verkauft" kein Mann Wasch- oder Putzmittel!

Als Ökologie und Umwelt noch nicht so „IN" waren wie heute, lag der Schwerpunkt der Werbung bei der Hausarbeit. Die im Haushalt tätigen Frauen wurden als Konsumenten, als Anwender der Produkte von den Herstellern erkannt. Deshalb wurde die Werbung auch gezielt für Frauen gestaltet. Das Ergebnis war, dass die Produkte so dargestellt wurden, als würden sie der Frau die Arbeit im Haushalt abnehmen. Bei Anwendung des jeweiligen Produkts sollte sich die Arbeit wie von selbst erledigen. Es wurde der trügerische Anschein erweckt, dass es nur der unterschiedlichsten Produkte bedurfte – schon war die Arbeit getan und die Frau konnte sich entspannt lächelnd daneben stellen.

Gesellschaftlich hatte und hat diese Darstellungsweise verheerende Folgen. Jeder, ob Mann oder Kind, der die Hausarbeit nur aus der Werbung einschätzen konnte, musste zu dem Schluss kommen, dass die Hausarbeit lächerlich einfach sei. Die Frau muss ja nur noch wenig tun, während die Hauptlast von Maschinen oder anderen genialen Hilfsmitteln erledigt wird.

Überwiegend Männer entwickelten die vielfältigen Geräte zur Haushaltshilfe, und die Werbung (überwiegend ebenfalls von Männern gemacht) sorgte für die Aufnahme in der Gesellschaft. Sicherlich lässt sich die Erleichterung nicht abstreiten, aber „arbeitslos" ist dadurch der Haushalt nicht geworden!

Ganz nebenbei unterstützte und unterstützt diese Darstellungsweise die Abwertung haushaltlicher Tätigkeiten. So konnte sich das Negativ-Bild der Nur-Hausfrau entwickeln, welches von der Gesellschaft aufgenommen wurde und die Hausfrau und mit ihr die Hausarbeit heute nahezu völlig aus dem Bewusstsein verdrängt hat. Diejenigen, die dieses Bild hätten korrigieren müssen, die Frauen selbst, sie schwiegen und schweigen. Die Anerkennung von außen und auch die Selbstachtung der Hausfrauen sanken bis auf den

Nullpunkt. Dies ging soweit, dass sich Vollzeit-Hausfrauen selbst als „Nur-Hausfrau" bezeichneten – so als müssten sie ein schlechtes Gewissen haben! Aber nicht genug damit, dass die Werbung eine recht untätige, „faule" Hausfrau vorführte, sie erklärte sie in den 1950er Jahren auch noch für „dumm". So konnte man 1955 bei einem Dr. Oetker-Werbespott einen Mann sagen hören: „Eine Frau hat zwei Lebensfragen: Was soll ich kochen, und was soll ich anziehen?" Wer mochte sich da noch gern zu ihrem Hausfrausein bekennen, wenn darunter ein auf Anziehen und Kochen reduziertes „Frauchen" (= Dummchen) zu erwarten war?! Da dieses Frauenbild noch lange nachwirkte, verwundert es nicht, dass es inzwischen gänzlich verdrängt ist. Die Werbung hat ihren Beitrag dazu geleistet, die Hausarbeit aus dem Bewusstsein der Menschen zu verdrängen. Jede Frau, die einen Haushalt führt, kann aber bestätigen: Die Hausarbeit ist nicht verschwunden. Sie ist nach wie vor vorhanden, und da sie als lästige Nebensache dargestellt wird, leider noch immer hauptsächlich eine belastende Aufgabe von Frauen.

In den 1990er Jahren gaukelte uns die Werbung den allgegenwärtigen sanften, liebevollen Mann vor. Mit einem Mann, nackt, mit Baby im Arm, zärtlich lächelnd wurde uns eine Waschmaschine angepriesen. In kurzer Bilderfolge – der Mann lächelnd, mit Frau schmusend, mit Kind zärtlich umgehend – wurde uns „das Beste im Mann" (seine Weiblichkeit) gezeigt. Sicherlich ist Ihnen diese Gillette-Werbung (Rasierklinge) bekannt. Frauen wurden in der Werbung zunehmend als Berufs- und Karrierefrauen dargestellt und Männer vermehrt als „Softies", die sich um Kinder, Frauen und ältere Menschen bemühen. – Entsprach dieses Bild der Wirklichkeit? Sicherlich nicht! Aus diesem Grund hat sich die Werbung inzwischen auch wieder geändert. Im Zuge von wirtschaftlicher Rezession hat sich die Werbung wieder vom sanften Mann verabschiedet – der männliche Mann ist wieder in. Gleichzeitig bleibt die

Frau wieder zunehmend auf Familie und Hausarbeit fokussiert. Eine, wie ich meine, erschreckende Entwicklung!

Unsere Sprache

Auch unsere *Sprache* transportiert in vielfältiger Weise die „Vorherrschaft" des Mannes. Schon ein einfaches Beispiel zeigt dies: Wir bezeichnen alles Tolle und Schöne als *„herrlich"* (genau wie Herr liegt die Sprachwurzel bei hehr = erhaben), während wir alles Unschöne oder Lästige als *„dämlich"* titulieren. Eigentlich kommt dämlich, vom lateinischen temulentus = betrunken, aber vielfach wird es auf die Dame bezogen! Belächeln Sie dieses Beispiel nicht! Der Einfluss solcher sprachlichen „Spielereien" ist nachweisbar. Als Kind habe ich von den Jungens oft gehört, dass dämlich ja was mit den Frauen zu tun hätte – natürlich hielten sowieso alle Jungens alle Mädchen für dämlich!

Warum existiert der Mann, egal in welcher Lebenssituation, immer als *Mann*, während wir Frauen unserem Alter oder unserem (Familien-) Stand entsprechend angesprochen werden? Frauen sind *Mädchen*, dann *Fräulein* (heute glücklicherweise überholt) und schließlich (Ehe-)*Frauen*. Männer sind kleine Männer, dann junge Männer und schließlich „ganze" Männer. Unsere Gesellschaft ist so stark von der Unterscheidung und gleichzeitigen Hervorhebung des Mannes geprägt, dass es sogar sprachlich schwer fällt, die Geschlechter gleich zu behandeln. Es fällt schwer, zu einem kleinen Mädchen „Na, du kleine Frau" zu sagen; „Na, du kleiner Mann" dagegen geht leicht von den Lippen. Sicherlich fallen Ihnen noch mehr Beispiele ein.

Wird ein Mann angesprochen, so steigt er in der Anrede zum *„Herrn"* auf. Eine Frau bleibt eine Frau! Bei der Anrede beider Geschlechter gibt es Unterschiede, die bei genauerem Hinschauen auch eine Wertschätzung beinhalten. Wir sprechen von Männern und Frauen, aber bei persönlicher Anrede sprechen wir von Herren und Frauen – „Herr und Frau Müller". Warum heißt es eigentlich nicht Herr und *Dame* Müller? Die Frau bleibt eben immer *nur* eine Frau, während der Mann auch eine gesellschaftliche Stellung beanspruchen kann und deshalb zum Herrn wird.

Der Titel „Herr" kommt aus dem mittelhochdeutschen „hehr", was vornehm, erhaben bedeutete. Im Mittelalter war dieser Titel eine Standesbezeichnung für den reichsmittelbaren und edelfreien sowie mit dem Ritterschlag versehenen Adel. Im 18. Jahrhundert wurde „Herr" zur Anrede auch für Geistliche und bürgerliche Honoratioren. Seit dem 19. Jahrhundert gilt die Anrede allgemein für einen Mann (Brockhaus) – warum? Weil er vornehm und erhaben ist? Ganz oft in der Geschichte hatte der Mann auch ein „Bestimmungsrecht" über seine Frau. Er war auch der „Herr" über seine Ehefrau. Nur ganz selten erwuchs eine Frau zu einer „Dame".

Diese Dame-Anredeform ist eigentlich französisch, wobei sie sich am lateinischen Wort für Domina = *Herrin*, orientiert. Sie gilt für eine Frau oder Tochter aus „gutem Haus" oder aus „der Gesellschaft". Allgemein bezeichnet sie eine Frau von Anstand, sicherem Auftreten und Bildung (Brockhaus). Ich frage mich, warum diese Anredeform gerade in letzter Zeit so selten wird, wo doch die Frauen, welche die genannten „Bedingungen" erfüllen, immer zahlreicher werden. Wenn damit argumentiert wird, dass diese Anrede „altbacken" ist, dann sollte der „Herr" auch überdacht werden. Die Ehemänner stehen nicht mehr über ihren Ehefrauen. Ich bin nicht dafür, dass solche lange tradierten Formen abgeschafft werden, aber wir sollten uns doch bewusst machen, dass sie auf Hintergründen basieren, die eine Unterdrückung der Frau vorsah.

Sozialpsychologisch haben sie auch heute noch Auswirkungen in diese Richtung.

Ein auch von vielen Feministinnen häufig bemängeltes Wort unserer Sprache ist das „man". „Man" ist ein Fürwort und bedeutet irgendjemand, mancher. „Man" ist ein Abstraktum und soll die Allgemeinheit, den oder die durchschnittliche Person benennen. Warum ist dieses „man" dem Mann so ähnlich? Ist der durchschnittliche Mensch eher männlich als weiblich? Ich finde es ganz richtig, statt des „man" auch einmal „frau" zu gebrauchen, denn dadurch wird der Einfluss dieses kleinen Wörtchens bewusster.

Bei der Erziehung unserer Kinder wird dieses „man" wohl am häufigsten gebraucht: „Das tut man nicht!" oder „Das macht man so!" Kleine Kinder können weder abstrakt denken noch den orthographischen Unterschied von „man" und „Mann" erkennen. Für die Kinder beschreibt dieses „man" *den Mann*. Werden hierdurch nicht schon im frühkindlichen Bewusstsein die Männer in den Vordergrund gebracht? Ich glaube schon! Wir sollten dies überdenken und nach Alternativen suchen. Sicherlich, das weiß ich aus eigener Erfahrung, ist es schwierig, dieses „man" aus dem eigenen Sprachgebrauch zu verbannen. Aber es geht. Jede kann dieses „man" weitgehend aus ihrem Sprachschatz entfernen. Es ist eine reine Gewohnheitssache! Ersetzen Sie im Umgang mit Ihren Kindern oder Mitmenschen das „man" durch ein „ich", „du" oder „wir"! Aus dem Argument: „Das macht man so" wird dann „Ich möchte, dass du das so machst" oder „Du kannst das so machen" oder „Wir machen das auch so". Gerade Frauen sollten einmal darüber nachdenken, wie sie dieses „man" gebrauchen. Sogar bei Dingen, die eindeutig nur die Frauen betreffen, sprechen sie von „man". Dinge, die ausschließlich die Männer betreffen, werden hingegen auf den Mann beschränkt. Ein Beispiel: Nur Frauen gebären und können dabei schmerzstillende Mittel verabreicht bekommen. Unterhalten sie sich darüber, dann wird gesagt: „Bei der

Geburt kann *man* diese oder jene Medikamente bekommen" oder „Bei der Entbindung kann *man* sich so oder so verhalten" und dergleichen. Wenn sich Frauen über die Sterilisation des Mannes informieren, dann käme sicherlich kaum eine auf die Idee zu sagen: „Da bekommt man die Samenstränge durchtrennt". Es würde heißen: „Beim Mann werden die Samenstränge durchtrennt", oder „Die männlichen Samenstränge werden durchtrennt" oder dergleichen. Ich möchte damit nur deutlich machen, dass wir Frauen schon so gewohnt sind, uns hinter der Allgemeinheit zu verstecken, dass wir uns mit dem „man" identifizieren, während dies bei Männern nicht der Fall ist. Dies wird auch in anderen Sprachbereichen deutlich.

Wir sollten uns auch im Umgang mit *Berufsbezeichnungen* der Notwendigkeit und Anwendung weiblicher Formulierungen bewusster werden. Es ist zum Beispiel üblich, *immer* davon zu sprechen, dass zum *Arzt* gegangen wird – selbst dann, wenn wissentlich eine Ärzt*in* aufgesucht wird. Es gibt mittlerweile ganz viele „*-innen*". Beamt*innen*, Politiker*innen*, Postbot*innen* usw. Wir sollten uns einfach die Mühe machen, die jeweiligen „Innen" auch zu nennen.

Wenn wir von der Allgemeinheit aller weiblichen und männlichen Politiker sprechen, sagen wir „die Politiker", wenn wir sowohl Frauen wie Männer ansprechen möchten, dann sagen wir „jeder" usw. – wir benutzen *immer* die männliche Form! Als Frauen haben wir gelernt, uns trotz der männlichen Sprachform ebenfalls angesprochen zu fühlen. „*Jeder*" schließt eben „*jede*" mit ein! Ich habe einmal einen Mann verbessert, der nur von den Mitarbeitern sprach, obgleich er als einziger Mann unter etwa zwanzig Frauen war. Er gab mir zur Antwort, dass er aus seinem Selbstverständnis heraus ausschließlich die männliche Sprachform benutze, denn er sei ja ein Mann. Ich habe dieses Argument akzeptiert. Aber, wenn sich die Männer dieses Recht vorbehalten, ausschließlich aus ihrem Selbstverständnis heraus zu sprechen, dann sollten sich die Frauen auch dieses Recht nehmen. Wenn Frauen sprechen, dann sollten sie dies auch ausschließlich in ihrem Selbstverständnis tun und ausschließlich die weiblichen Formen verwenden. Viele Menschen erachten es heute als lästig, immer sowohl die weibliche wie die männliche Form zu verwenden (zum Beispiel jede/r). Wenn jedes Geschlecht ausschließlich die jeweilige Form (weiblich oder männlich) verwenden würde, dann wäre dieses Problem eindeutig gelöst. Es wäre gleichermaßen selbstverständlich, dass sich die Männer in der Form JEDE wiederfinden (wenn eine Frau spricht oder schreibt), wie es über die Jahrhunderte selbstverständlich war, dass Frauen sich in der Formulierung JEDER wiederfanden. Wenn ich in meinem Buch „jede" schreibe, so schließt dies (häufig) „jeden" (die Männer) mit ein. Ich nehme mir als Frau das Recht, die weibliche Form als die allgemeingültige zu benutzen. Dies ist vielleicht ungewohnt, aber es hat die gleiche Berechtigung wie die männliche Form.

Dies waren nur einige Beispiele unserer „männlichen" Sprache. Unsere Sprache enthält vielerlei sprachliche Benachteiligungen der Frau. Warum sprechen wir nahezu immer von Männern und Frauen oder Mann und Frau? Warum sprechen wir nicht von Frauen und Männern beziehungsweise Frau und Mann? Ist Ihnen noch nie aufgefallen, dass es regelrecht schwer fällt, Frauen zuerst zu nennen? Geht es um beide Geschlechter werden Männer immer zuerst genannt. Wir sollten uns die sprachliche Nachrangigkeit des weiblichen Geschlechts bewusst machen, damit wir auch hier Veränderungen durchsetzen können.

Auch bezüglich des Aspekts der Sprache ist der Umgang mit unseren Kindern der Rahmen, in dem wir die größten Einflussmöglichkeiten haben. Ich habe bislang im Umgang mit meinen Töchtern immer versucht, ihnen durch die Sprache ihren eigenen Selbstwert zu verdeutlichen. Es gibt nicht nur Polizisten oder Postboten, sondern es gibt auch Polizistinnen und

Postbotinnen. Somit lernen die Mädchen, dass auch sie diese Berufe einmal ergreifen können. In ihren Köpfen und somit in ihrem Bewusstsein wird es selbstverständlich, dass es in allen Berufen gleichermaßen Frauen gibt. Wenn diese Bewusstseinsvorgabe besteht, dann wird, so hoffe ich, der Sachverhalt, den ich in einer Studie gelesen habe, nicht mehr ganz so wichtig. Bei der Untersuchung „Frauen an Hochschulen – Statistische Daten zu den Karrierechancen" (in der Schriftenreihe Studien zu Bildung und Wissenschaft, Bad Honnef 1993) stellte sich heraus, dass ein Hindernis für die Bereitschaft von Frauen zur Hochschulkarriere die fehlenden Rollenvorbilder seien. Nach sozialpsychologischen Untersuchungen wählen Frauen und Männer für Ihre Berufskarriere gleichgeschlechtliche Vorbilder. Wenn diese Vorbilder fehlten, so wurde die jeweilige Laufbahn als unattraktiv eingestuft. Das bedeutet für die Frauen: Wenn sie keine Frau kennen, die Professorin ist, dann wollen sie auch keine werden. Da es aber leider in fast allen Berufen nur wenige weibliche Vorbilder gibt, ist die Erziehung hier besonders wichtig.

Ich finde es notwendig, wenn Frauen Töchter erziehen, dass sie diesen ihre Eigenständigkeit und ihren Eigenwert verdeutlichen. Nur so können selbstbewusste Frauen heranwachsen, die sich aus ihrem Selbstverständnis heraus als neben den Männern gleichwertig empfinden.

Gedanken zum Schluss

Zum Schluss möchte ich möglicher Kritik an meinen Aussagen vorgreifen. In diesem Zusammenhang möchte ich auf zwei mögliche Vorwürfe eingehen:

1. Ich habe in bezug auf meine geschilderten Überlegungen schon den Vorwurf gehört, dass ich die Frauen bestimmt unglücklich machen werde. Erst mache ich alle Frauen auf all ihre theoretischen Möglichkeiten im gesellschaftlichen Bereich aufmerksam, und dann müssen diese schmerzlich erkennen, wie wenig ihre Vorstellungen in der Praxis umzusetzen sind.

2. Der zweite Vorwurf führt diesen Gedankengang weiter: Wenn sich die Frauen ihrer Möglichkeiten wirklich bewusst werden und diese mit allen Mitteln durchsetzen möchten, dann geht dies nur auf Kosten der Familie. Ehen werden geschieden, da die Frauen glauben, ihre Selbstverwirklichung nur ohne Partner durchsetzen zu können. Letztlich leidet, so die Argumentation, entweder der Staatshaushalt oder die Kinder darunter. Entweder leiden die Kinder unter der Erwerbstätigkeit der Mutter oder die Mutter muss auf staatliche Unterstützung zurückgreifen, wobei das erträgliche Maß sozialstaatlicher Unterstützung weitestgehend ausgeschöpft ist. Der Staat verkraftet nicht noch mehr Empfänger sozialer Leistungen. Wenn eine Mutter nicht auf Sozialhilfe angewiesen sein möchte, so muss sie erwerbstätig sein. Folglich kann sie ihre Aufgaben als Erzieherin der Kinder nicht mehr vollständig erfüllen. Die Kinder werden vernachlässigt, und dies ist ebenfalls nicht wünschenswert für unsere Gesellschaft. Soweit zu den möglichen Vorwürfen.

Bei genauer Betrachtung dieser Vorwürfe wird deutlich, dass sie die zwei Ebenen der Emanzipationsproblematik deutlich machen. Vorwurf eins bezieht sich auf die persönliche und individuelle Ebene, welche die einzelne Frau beziehungsweise den Mann selbst betrifft. Jede einzelne Leserin zieht eigene Schlüsse aus meinen

Ausführungen. Selbstwertgefühl, Selbstbewusstsein, Gefühle der Anerkennung durch den Partner und die Gesellschaft sind ganz private Dinge. Meine Überlegungen sind als Anregung zu verstehen. Frauen sollen erkennen, dass sie ein Recht auf Achtung und Selbstwert haben. Wenn ich in besonderer Weise auf die Hausarbeit eingegangen bin, so lag mein Interesse nicht darin, alle Frauen in eine Erwerbstätigkeit zu drängen. Vielmehr ist es mein Wunsch, beiden Geschlechtern die Notwendigkeit und Achtbarkeit von Hausarbeit deutlich zu machen, damit auch aus dieser Tätigkeit ein Selbstbewusstsein erwachsen kann. Was soll daran falsch sein, wenn ich den (doch überwiegend weiblichen) Haustätigen klarmachen möchte, dass sie selbst und ihre Arbeit einen Wert haben und die allgemein diffamierende Einschätzung der Hausarbeit falsch ist?

An dieser Betrachtung tritt die zweite Ebene des Problems hervor: Gesellschaftlich steht einer wirklichen Umsetzung der Vorstellung von getrennter, aber gerecht verteilter Haus- und Erwerbstätigkeit noch vielerlei entgegen. Die Arbeitsplatzbedingungen sind nicht so strukturiert, dass Frau und Mann beide Bereiche in gleicher Weise in ihrer Partnerschaft ausfüllen können. Vielerlei Ungerechtigkeiten stehen einer Gleichberechtigung von Haus- und Erwerbstätigkeit entgegen – hier ist der Gesetzgeber gefordert.

In diesem Bereich möchte ich meine Anliegen einmal als Forderungen formulieren. Ich fordere:

1. Jede einzelne sollte die Möglichkeit haben, sich selbstbewusst nach eigenen Wünschen zu entwickeln, und sie sollte in der Lage sein, das eigene Leben entsprechend zu gestalten.

2. In einer Partnerschaft sollte sich eine Frau nicht allein ihrer Probleme bewusst werden und zu neuem Selbstbewusstsein gelangen – eine Emanzipation nur der Frauen ist einseitig! Der jeweilige Partner lebt meist ebenso eingebettet in seine anerzogenen Denkmuster. Diese sollten gemeinsam bewusst gemacht, und

gemeinsam sollten Veränderungen herbeigeführt werden.

3. Eine wirkliche Gleichwertigkeit von Haus- und Erwerbstätigkeit sowohl gesetzgeberisch als auch im Bewusstsein der Menschen.

4. Eine Umorientierung der Gesellschaft auf neue Werte. Unsere derzeitigen Werte sind durch ihre männliche Orientierung zum reinen Erfolgs- und Konsumzwang verkommen und tragen letztlich zur Zerstörung unserer Existenzgrundlagen bei – hier ist mehr Weiblichkeit gefordert.

Zu diesen Forderungen noch einige Anmerkungen:

zu 1. Was die Entwicklung betrifft, so habe ich hoffentlich mit meinen Ausführungen dazu beigetragen, dass Sie sich der auferlegten Aspekte weiblichen Seins bewusster werden konnten. Ich habe die „natürliche" Notwendigkeit geschlechtsspezifischer Charaktereigen-schaften in Frage gestellt und auf das Weibliche *und* Männliche in den Menschen aufmerksam gemacht. Dadurch soll nicht der „Einheitsmensch", sondern auch die eher „männliche Frau" oder der eher „weibliche Mann" die Möglichkeit zufriedener Existenz in unserer Gesellschaft haben. Hausmänner und Karrierefrauen sollten genauso selbstverständlich sein wie Hausfrauen und Karrieremänner! Frauen, die sich für Kinder entscheiden, sollten nicht allein die Last dieser Entscheidung tragen und Einbußen finanzieller Art und auf die Karriere bezogen hinnehmen müssen. Mich hat die Entscheidung, Kinder zu bekommen, daran gehin-dert, in einem meinen Qualifikationen angemessenen Berufsfeld tätig werden zu können. Ein Umstand, der durch Scheidung in den Hartz IV-Bezug führte. Altersarmut wird die logische Folge sein... Ich denke, dies alles muss so nicht sein! Andere gesellschaftliche Strukturen sind nicht nur denk-, sondern auch umsetzbar, wenn Weiblichkeit und mit ihr Fürsorg-lichkeit in die Wirtschafts- und Gesellschaftsstrukturen Einzug hält. Die Politik hat nicht nur eine

Fürsorgepflicht gegenüber der Wirtschaft, sondern vor allem gegenüber den Menschen, die in der Gesellschaft gesund und zufrieden leben möchten! Dabei haben aber alle Menschen zuerst eine Fürsorgepflicht sich selbst gegenüber. Sie brauchen jedoch finanzielle und zeitliche Rahmenbedingungen, um dieser Fürsorgepflicht auch gerecht werden zu können. Hierfür einzutreten sollte Ziel des neuen, selbstbewussten Bewusstseins sein. Wenn immer mehr Menschen gemäß ihrer weiblichen Seite für ein harmonisches und emotional erfülltes Leben eintreten, wird dies auch dazu führen, dass Politik und Wirtschaft sich dieser Überzeugung gemäß verändern müssen.

Diese Vorstellung sollten wir in unser Leben integrieren und durch die Erziehung unseren Kindern weitergeben. Vor allem im Umgang mit unseren Kindern können wir erkennen, welche verdeckten Verhaltensmuster uns in unserer Kindheit beeinflusst haben. Da wir wissen, dass wir uns nicht so verhalten müssen, können wir neue Wege gehen. Nutzen wir diese Chance einer neuen Generation! Versuchen wir ihnen in unserer Vorreiterrolle entsprechende Vorbilder zu sein und entsprechende Lebensbedingungen zu schaffen!

zu 2. Wenn wir uns verändern wollen, dann sollten wir auch unsere Partnerschaften in diesen Prozess mit einbeziehen. Eine langjährige Beziehung zu einem anderen Menschen setzt eine ständig neue Auseinandersetzung mit dieser Person voraus. Immer wieder verändern sich die Bedingungen und verlangen eine stete Anpassung der Partnerschaft. Es würde zu weit führen, hier die vielen kritischen Punkte einer Partnerschaft aufzuzeigen. An dieser Stelle möchte ich nur ein Buch empfehlen, das ich besonders gut finde. Das Buch heißt: „Die Kunst, als Paar zu leben" und wurde von Hans Jelluschek geschrieben. Einen Aspekt der Beziehung möchte ich dennoch erwähnen: Wenn sich zwei zusammentun, dann gehen beide dabei Kompromisse ein. Es gibt wohl kaum eine Beziehung, bei der dies nicht so ist. Solange die Beziehung auf zwei

Personen beschränkt ist, bleibt die Kompromisslage recht eindeutig. Beide sind gerne bereit zu Kompromissen, da der Freiraum zu eigenem Leben im Beruf, mit Freunden usw. noch recht groß ist. Mit der Geburt eines Kindes ändern sich die Lebensumstände oft grundlegend. Beide Partner schlüpfen (meist unmerklich) in ihre erwarteten, anerzogenen Rollenmuster. Die Frau wird zur Mutter, der Mann zum Versorger. Die vormals eingegangenen Kompromisse verlieren dabei meist ihre Gültigkeit. Wenn früher zum Beispiel beide den Haushalt führten, erwartet der Mann nun eine völlige Übernahme der Hausarbeit durch die Frau – sie ist ja schließlich zuhause! Dass hier dem 8-Stunden-Arbeitstag des Mannes ein 24-Stunden-Arbeitstag der Frau gegenüber gestellt wird, wird nicht gesehen. Leider wird meist über die veränderte Kompromisslage wenig gesprochen. Es wird nur stillschweigend erwartet und gefordert – bis es zur Unzufriedenheit kommt. Deshalb mein Appell: Richten Sie sich Ihre neuen Lebensbedingungen bewusst neu ein – aber auf jeden Fall miteinander!

Besonders die psychische Konfliktlage der Frau wird meist von den Männern nicht wahrgenommen. Beide sollten sich zusammentun und Wege suchen. Wer sonst ist in erster Linie (neben der Frau selbst) für die Anerkennung der Frau in ihrer Situation als Mutter verantwortlich, wenn nicht ihr eigener Partner!

zu 3. Die Zufriedenheit des einzelnen ist auch durch die Anerkennung und Gleichwertigkeit von Haus- und Erwerbstätigkeit bedingt. Wenn Hausarbeit eine wirkliche Wertsteigerung in den Köpfen aller erfährt, so wird eine Umgestaltung der Trennung der Arbeitsbereiche sicherlich eher möglich sein. Doch wer sollte sich neben jeder einzelnen für die Durchsetzung dieser Wertsteigerung einsetzen? Wie steht es um eine Lobby der Hausarbeit? Es gibt in der Bundesrepublik einen Deutschen Frauenrat. Dieser stellt die Bundesvereinigung deutscher Frauenverbände und Frauengruppen gemischter Verbände dar und bezeichnet sich als „Lobby der Frauen". Es hat mich erstaunt, welche Vielzahl von Verbänden es gibt. Jedes Jahr erscheint ein „Handbuch deutscher Frauenorganisationen" unter finanzieller Hilfe des Bundesministeriums für Familien, Senioren, Frauen und Jugend. Wir sollten diese Verbände durch unsere Mitgliedschaft stärken. Das oben genannte Handbuch ist beim Deutschen Frauenrat e.V., Axel-Springer-Str. 54a, 10117 Berlin, oder beim Bundesministerium für Familien, Senioren, Frauen und Jugend kostenfrei erhältlich. Nur durch eine noch stärkere Lobby, die unsere Bedürfnisse vertritt, kann eine Gleichwertigkeit von Haus- und Erwerbstätigkeit und damit eine wirkliche Wahlfreiheit für beide Geschlechter durchgesetzt werden.

zu 4. Was ich zu Punkt 1 angesprochen habe, unser Einfluss auf die Erziehung der Kinder, setzt voraus, dass wir eine Einflussmöglichkeit haben. Leider ist es in unserer Gesellschaft zur Gewohnheit geworden, unter den „drei K" nicht mehr „Kinder – Küche – Kirche", sondern „Kinder – Konsum – Karriere" zu verstehen. Viele Erziehende haben Kinder, da sie nun mal dazu gehören. Einen zentralen Stellenwert nehmen diese Kinder jedoch nicht im Leben ihrer „Erzeugerinnen" ein. Allzu oft können die Kinder diesen Stellenwert auch nicht mehr einnehmen, da beide Elternteile erwerbstätig sein *müssen*, um die Familie finanziell über Wasser zu halten. Kinder müssen oder werden lieber in die erzieherische Obhut von Institutionen oder anderen Personen (Au-Pair, Tagesmutter, Kindergarten und dergleichen) gegeben, damit die Existenzsicherung oder der angestrebte Luxus erarbeitet werden können. Kinder und Familie werden in unserer Gesellschaft immer weiter zurück gedrängt. Dies liegt sicherlich daran, dass der Wert eines Menschen zunehmend an seinen äußerlich sichtbaren Werten (Auto, teure Kleidung usw.) gemessen wird. Sogenannte „innere" Werte sind in unserer Gesellschaft unnötig, ja sogar hinderlich geworden – dies sollte und muss sich ändern! Wenn manche Feministinnen eine Rückbesinnung auf

Weiblichkeit fordern, so bedeutet dies in meinen Augen nichts anderes als die Besinnung auf innere menschliche Werte und auf Emotionalität.

Die Vorstellung der Arbeitswelt, wie ich sie auf Seite 144ff darstellte, kann natürlich nur dann eintreten, wenn nicht alle lieber mehr arbeiten, nur um mehr Geld zu haben. Nur wenn wir bereit sind, „geteilt" statt „doppelt" zu arbeiten, hat diese Vorstellung eine Chance. Der Wert der Kinder sollte vor dem Wert des doppelten Verdienstes stehen. Hierzu eine kurze Geschichte, die ich gehört habe: „Eine Frau lebt mit ihrem Kind in ärmlichsten Verhältnissen. Sie hat zwar eine Wohnung und das Nötigste zum Leben, aber sie muss immer schwer darum ringen. Ihr Kind und die Liebe zu ihm sind ihre einzigen Lichtpunkte im Leben. Nun ergibt es sich, dass sie mit ihrem Kind an einem großen Berg vorbeikommt. Der Berg öffnet sich unter großem Getöse und die Frau fürchtet sich sehr. Eine Stimme spricht zu ihr: „Komm näher, hier findest du Gold und Reichtum. Nimm dir, soviel du tragen kannst. Du hast für eine begrenzte Zeit die Möglichkeit, all das mitzunehmen, was du möchtest." Die Frau beschließt, diese große Chance wahrzunehmen und tritt mit ihrem Kind in den Berg ein. Und wirklich! Golden glänzen die Reichtümer. Die Frau rafft in aller Eile soviel zusammen, wie sie tragen kann. Da ermahnt sie die Stimme: ‚Vergiss das beste nicht!' Die Frau vermutet noch größere Schätze und tritt weiter in den Berg ein. Sie findet auch wirklich noch größere Diamanten und Edelsteine. Sie lässt ihre zuerst gesammelten Reichtümer fallen und greift nach den neuen noch besseren. Aber wieder ermahnt die Stimme: ‚Vergiss das Beste nicht!' und die Frau läuft weiter – völlig im Wahn des Reichtums. Sie sucht nach noch mehr, noch wertvolleren Schätzen. Da plötzlich ermahnt die Stimme: ‚Die Zeit ist um, du musst gehen!' In aller Eile rafft sie einiges zusammen und hetzt aus dem Berg. Sie schafft es gerade rechtzeitig. Hinter ihr schließt sich der Berg. Nach einer Weile kommt sie wieder zur Ruhe. Nun erst merkt sie, dass sie ihr Kind vergessen hat. Sie hat ihr eigenes Kind im Rausch des Reichtums vergessen. Sie begreift, dass die Stimme nicht den Reichtum, sondern ihr Kind als „das Beste" bezeichnete – doch zu spät!"

Ich kann gut verstehen, wenn sich Frauen gegen Kinder entscheiden. Dieses Buch sollte nicht als Vorwurf diesbezüglich missverstanden werden. Gleichsam möchte ich an dieser Stelle all jenen mein aufrichtiges Bedauern aussprechen, denen das Glück von Mutterschaft versagt bleibt. Allen möchte ich jedoch folgende Hoffnung ans Herz legen: Ich hoffe nur, dass unsere Gesellschaft nicht auch den Wert der Kinder erst dann begreift, wenn es zu spät ist. Alle, Eltern und Kinderlose, sollten sich für eine lebenswerte Umwelt mit und für Kinder einsetzen. Kinder sind Zukunft. Wie wird eine Welt aussehen, die von ehemals „vernachlässigten" Kindern gestaltet wird. Wie wird eine Welt aussehen, die von Kindern gestaltet wird, die ihre Emotionalität weitestgehend verloren haben und sich ausschließlich auf persönliche Gewinnmaximierung konzentrieren, und für die Mitmenschlichkeit, Umweltschutz und eigene Kinder überhaupt keine Rolle mehr spielen? Kinder orientieren sich an dem, was ihnen vorgelebt wird. Wir sollten weiblichen Werten, die unsere Umwelt erhalten und schützen, sowie der Mitmenschlichkeit wieder mehr Raum gewähren. Dadurch wenden wir uns ganz selbstverständlich vom männlichen und vermeintlich vernünftigen, wirtschaftlich bedingten Konsumzwang ab. Hierdurch erhalten Eltern mehr Zeit für ihre Kinder, und diese können später auch zum Erhalt der Welt beitragen. Menschen ohne Kinder werden dann auch wieder mehr Verständnis für Eltern und Kinder aufbringen. Weiblichkeit beziehungsweise Emotionalität, und Männlichkeit beziehungsweise Vernunftorientierung sollten wieder in ein harmonisches Gleichgewicht gebracht werden. Hierdurch werden auch Wirtschafts- und Humaninteressen wieder ins richtige Lot gebracht, so dass für die einzelnen Menschen ein Leben in Balance wieder möglich wird. Verlust von Lebensfreude und Glück erscheinen heute als Preis, den Menschen für materielle Zufriedenheit zahlen müssen. Ein viel zu hoher Preis! Materielle Zufriedenheit ist mit Lebensfreude und Glück erst dann vereinbar, wenn Emotionalität wieder aus dem Schatten der Vernunft heraustreten kann. Dies erscheint erst dann möglich, wenn Menschen im System der Wirtschaft nicht mehr ausschließlich als „Ressource Mensch" zu funktionieren haben. Menschen sollten nicht dazu gezwungen sein, sich und ihr Leben (entsprechend den gegebenen wirtschaftlichen Notwendigkeiten) auf Funktionalität zu reduzieren. Die Wirtschaft sollte vielmehr *für* den Menschen, als Ressource der Lebenssicherung und Lebensbereicherung, funktionieren. Ich wünsche mir eine Gesellschaft, in der die Menschen ihr Leben wieder spüren, es in all seinen Facetten empfinden. Nicht die Angst vor Verlust oder pure Existenzangst sollten lebensbestimmend sein, sondern Lebensfreude und Glücksempfinden. Dies ist kein frommer Wunsch oder utopische Wunschvorstellung – es ist möglich, wünschenswert und mit ein bisschen Wohlwollen auch in naher Zukunft erreichbar.

Für eine intensivere Auseinandersetzung mit den gegenwärtigen Strukturen unserer Emotionen unterdrückenden Gesellschaft und zur Erlangung einer entsprechenden, Emotionen förderlichen Lebenshaltung empfehle ich an dieser Stelle mein Buch: Glück ist Lebenslust. Erfüllt leben durch WohlFÜHLENwollen

und wünsche in diesem Sinne wohlwollende Zeiten!

Literaturempfehlungen

Adams, Linda; Lenz, Elinor: Frauenkonferenz – Weg zur eiblichen Selbstverwirklichung, München 1982.

Asgodom, Sabine: Balance – Beruf und Privatleben im Gleichgewicht. Düsseldorf 1992.

Bloom, Lynn Z.; Coburn, Caren; Pearlman, Joan: Die selbstsichere Frau. Anleitung zur Selbstbehauptung. Reinbek b. Hamburg 1984.

Branden, Nathaniel: Ich liebe mich auch. Selbstvertrauen lernen. Reinbek b. Hamburg 1989.

Dowling, Colette: Der Cinderella-Komplex. Die heimliche Angst der Frauen vor Unabhängigkeit. Frankfurt a. Main 1991

Fester, Richard; König, Marie E.P.; Jonas, Doris F.; Jonas, David: Weib und Macht. Fünf Millionen Jahre Urgeschichte der Frau. Frankfurt a. Main 1980.

Friday, Nancy: Wie meine Mutter / My Mother my self. Frankfurt a. Main 1992.

Friedan, Betty: Der Weiblichkeitswahn oder die Selbstbefreiung der Frau. Ein Emanzipationskonzept. Reinbek b. Hamburg 1970.

Gilligan, Carol: Die andere Stimme. Lebenskonflikte und Moral der Frau. München 1991.

Goldberg, Herb: Veränderungen. Das neue Verhältnis zwischen Mann und Frau. Reinbek b. Hamburg 1987.

Heckl, Ulrike; Merkel, Christine: Auf der Suche nach bezahlter Arbeit. Zur Situation erwerbsloser Frauen. Frankfurt a. Main 1987.

Jampolskiy, Gerald G.: Lieben heißt, die Angst verlieren. München 1991.

Jelluschek, Hans: Die Kunst, als Paar zu leben. Stuttgart 1992.

Johnson, Robert A.: Der Mann. Die Frau. Auf dem Weg zu ihrem Selbst. München 1987.

Kanacher, Britta: Glück ist Lebenslust. Erfüllt leben durch WohlFÜHLENwollen. Norderstedt 2014

dieselbe: Hartz IV und Co.: Wie unsere Gesellschaft Armut provoziert – und wie Betroffene ihre Würde bewahren. Norderstedt 2013

Keller, Claudia: Kinder, Küche und Karriere – Neue Briefe einer verhinderten Emanze. Frankfurt a. Main 1990

Kuschel, Svea: Frauen leben länger – aber wovon? Was Frauen über Versicherungen wissen sollten. Econ 1992.

Lerner, Harriet Goldhor: Wohin mit meiner Wut? Neue Beziehungsmuster für Frauen. Zürich 1987.

dieselbe: Zärtliches Tempo. Wie Frauen ihre Beziehungen verändern, ohne sie zu zerstören. Frankfurt 1992.

Miller, Alice: Das Drama des begabten Kindes und die Suche nach dem wahren Selbst. Frankfurt a. Main 1983.

Pease, Allen und Barbara: Warum Männer nicht zuhören und Frauen schlecht einparken. Ullstein, 2010

Thoele, Sue Patton: Bis hierhin und nicht weiter. Wie Frauen lernen, sich selbst zu behaupten. München 1993.

Die Autorin

Dr. Britta Kanacher studierte Religionswissenschaft mit den Nebenfächern Erziehungswissenschaft und Soziologie in Marburg und Bonn. Sie promovierte im Fach Soziologie. Als Mutter von vier Kindern und ohne das Geld für eine Kinderbetreuung hatte sie auf dem Arbeitsmarkt meist schlechte Karten.

Obwohl sie immer wieder neue Qualifikationen erworben hat und freiberuflich als Dozentin und Autorin arbeitete, wurde ihr der Zugang in eine klassische Erwerbstätigkeit, die ihren Qualifikationen entspricht, verwehrt.

Eine Scheidung, hohe Verschuldung durch einen Hauskauf und Arbeitslosigkeit des zweiten Ehemannes führten dann in eine Lebenssituation, welche einen Harzt IV-Antrag notwendig machten. Nach erneuter Scheidung lebt sie heute, trotz Halbtagsstelle, auf Hartz IV Niveau. Mehrere Buchveröffentlichungen.

weiter Bücher:

Glück ist Lebenslust. Erfüllt leben durch Wohl-FÜHLEN-wollen

Hartz IV und Co.: Wie unsere Gesellschaft Armut unterdrückt – und wie Betroffene ihre Würde bewahren

Mehr Informationen unter:
www.britta-kanacher.de
www.kci-bonn.de
www.facebook.com/brittakanacher.de
E-Mail an die Autorin: kanacher@kci-bonn.de

Mehr von der Autorin

Glück ist Lebenslust
Erfüllt leben durch Wohl-FÜHLEN-wollen

232 S.; Paperback, 14,90 €
ISBN 978-3-7357-8453-7
Bod – Book on Demand, Norderstedt 2014

In fünfzehn Kapiteln schildert die Autorin die Zusammenhänge, die das Leben der Gegenwart so oft als Nur-Da-Sein erscheinen lassen.
Wer Glück sucht, sollte nicht danach fragen, was dem Glück im Wege steht, sondern herausfinden, wie und warum sich das Leben heute zu einem Nur-Da-Sein entwickeln kann.

Dabei wird die Ganzheitlichkeit von Körper, Verstand/Intellekt und Emotionalität ebenso glaubhaft verdeutlicht, wie die Überlagerung dieser Ganzheitlichkeit vom Intuition-Reflex-Instinkt-System (kurz IRIS-Autopilot). Es geht darum, diesen Autopiloten zum nutzbringenden Co-Piloten zu wanden und damit das Prinzip der „Kraft der Gedanken" wirkungsvoll zu nutzen.

Dieses Buch ist weder spirituell noch esoterisch - es ist kein Sachbuch und kein Ratgeber, sondern ein Verständnis-Geber.
Das Buch erklärt einfühlsam und aus der Sicht der eigenen Betroffenheit, wie Menschen ihr derzeitiges „Ich-muss-funktionieren-Leben" überwinden und zu ihrer Lebenslust zurück finden können.

Mehr Informationen

Auch als E-Book erhältlich

Hartz IV und Co.: Wie unsere Gesellschaft Armut provoziert -

Und wie Betroffene ihre Würde bewahren

144 S.; Paperback, 9,90 €

ISBN: 978-3-7322-8292-0
Bod – Book on Demand, Norderstedt 2013

In sechzehn Kapiteln und Unterkapiteln schildert die Autorin mit nüchterner Klarheit die prägenden gesellschaftlichen Leitbilder in Deutschland.
Diese haben zu einer Erfolgs- und Leistungsorientierung geführt, die nur ein Ziel hat: das Fehlen von Chancengleichheit zu verschleiern und den Menschen die alleinige Schuld an vermeintlichem Versagen einzureden.
Die Autorin hat selbst erlebt, dass die Wege ins Hartz IV-Dasein ganz und gar nicht gängigen Klischees entsprechen müssen - wobei es inzwischen jede und jeden treffen kann!
Statt sich einreden zu lassen, versagt zu haben, sollten Betroffene erst einmal fragen, was ihnen die Gesellschaft überhaupt ermöglicht.

Dieses Buch möchte zu etwas ganz Einfachem zurückführen: zur Zufriedenheit mit sich und dem eigenen Leben.

Mehr Informationen

Auch als E-Book erhältlich -

99 Cent E-Books:

Weihnachtsgrüße zum Abschreiben. Weihnachten naht – Grüßen leicht gemacht
BoD, Norderstedt, 143 Seiten, 0,99 Euro
<u>Mehr Informationen</u>

Facetten-Reich. Facettenreiches Facettenreich
BoD, Norderstedt, 143 Seiten, 0,99 Euro
Gedichte
<u>Mehr Informationen</u>

Hacken mit 'e'. Das ultimative Hacker-Buch – für Insider und solche, die es werden wollen!
BoD, Norderstedt, 143 Seiten, 0,99 Euro
<u>Mehr Informationen</u>